减+法 教-育

减负时代，家长如何做？

于晓冰 著

中信出版集团 | 北京

图书在版编目（CIP）数据

减法教育 / 于晓冰著. -- 北京 : 中信出版社,
2021.9 （2025.1重印）
ISBN 978-7-5217-3457-7

Ⅰ. ①减… Ⅱ. ①于… Ⅲ. ①家庭教育 Ⅳ. ①G78

中国版本图书馆CIP数据核字(2021)第160938号

减法教育

著　　者：于晓冰
出版发行：中信出版集团股份有限公司
（北京市朝阳区东三环北路 27 号嘉铭中心　邮编　100020）
承 印 者：河北鹏润印刷有限公司

开　　本：880mm × 1230mm　1/32　　印　　张：9　　字　　数：160千字
版　　次：2021年9月第1版　　印　　次：2025年 1月第 6 次印刷
书　　号：ISBN 978-7-5217-3457-7
定　　价：59.00元

我认为极其重要的一点，
就是使“设计人”的工作不仅成为我们教师的事业，
也要成为家长的事业。

——苏霍姆林斯基（教育家）

目录 | CONTENTS

上篇

第一章　教育做减法，能力做加法

今天教育中一味求快，拼命做加法所造成的最大问题是：学生的学习是割裂的，而不是有机的；是碎片化的，而不是整体的。不知道做减法，最终结果一定是慢，所谓“欲速则不达”。

第二章　回到常识

教育应遵循常识和规律，但仍然有些常识，家长不知道；有些常识，家长知道却不愿遵守；还有些常识，家长知道却不懂具体该怎么做。希望本章帮助家长迈出教育纠偏的第一步。

第三章　除了关心分数，还应关心什么

在孩子的成长过程中，你最重视的是什么？想帮助孩子成为什么样的自己？如何引导孩子实现自我价值，变得更独立、更自信、更主动、更正向？要实现这些，光紧盯分数是不行的。

下篇

第四章 “大语文”时代，让孩子爱上阅读

想要学好语文，第一要义是多读书、读好书、好读书，其他任何取巧之道都是旁门左道。

第五章　语文学习有巧招

语文学习根本之道是多阅读，在此基础上谈技巧，谈方法，就变得容易多了，成绩升上来只是时间问题。

推荐序一 | 追求与思考

顾德希

北京语文特级教师，全国优秀教师

陈天敏老师发给我于晓冰的书稿，让我写篇序。苦于目力，我起初只是粗翻一下。不料目力暂明，竟一路浏览下来，而且颇受触动。

我不认识于晓冰，没听过他的课——也许他的课有这样那样的不足，但看了他的教学体会，我确信，这一定是位很棒的语文老师。一位青年教师，要把语文教学搞好，涉及的问题会很多，但我始终认为，最重要的，是把属于“常识”层面的根本问题解决好。读了于晓冰的体会，我对此愈发坚信不疑。

几年来，他竟写下了百万字以上的教学体会，质量很高，而且是在工作之余日积月累而成。仅此一点，便令我深深感动。语文教学工作琐事多、责任大。当一名语文教师，必须极勤奋，否则不可能把工作做好。这虽是“卑之无甚高论”的“常识”，但恰恰是把语文教学工作做好的真谛。

很多人都知道教学反思很重要，但坚持写下来的，寥寥无几。于老师这些文章并不都是一课一思，可大多从教学实践出发，从学生成长入手，不惮其烦，反复推寻，其意义和价值早已超出一般的教学反思。坚持这么做，是磨性子的苦事。而一旦形成习惯，某些零碎的思考就能涓滴成河、蔚为大观。一线教师在日常工作中常会有“奇思妙想”，产生很有价值的灵感，但往往失之于偶发、零碎，流于感性，如不及时反思、提升并诉诸文字加以凝定，很快就会模糊乃至泯灭。即使某些灵感在某个精彩的教学设计中得以固化，也常因缺少系统性思考而相对割裂，实属憾事。多年来，尽管语文学科的改革成果颇丰，有益探索不一而足，但若不下苦功，不能在艰辛的实践中不断提升认识水平，就很容易徘徊于“乱花渐欲迷人眼”的境地而难以化蝶。读了于老师躬耕不辍的成果，我似乎看到当前一批有志青年的高远追求，焉能不令人欣喜莫名！

看得出，于老师如此潜心于教学，必有强烈追求。

“捧着一颗心来，不带半根草去。”老一辈的教育家们，很少天花乱坠空论，而最看重教育的实践性。他们坚守赤子之心，把在教育园地中的辛勤耕耘看得很重很重。陶行知先生的名字，就凸显了“知在行中”的不懈追求。

现在，人们无不重视“立德树人”，而教师的“德”，首先就应体现于“行”。教师对教学工作的热情投入，既是职业道德，也反映理想情怀。高尚的理想情怀，落实到教师身上，就是持之以恒地把一些看似未必有多轰动的事情坚持做下去，让学生受益、再受益。正如于老师所言，“能影响一个是一个，能推动一点是一点”。

于老师的体会让我看到，他勤学不辍，学识丰厚，而这些点滴积累源源不断地浸入于笔端，展示于讲台。这就是老老实实做教育，踏踏实实做学问。我虽与于老师并未谋面，但从他的文字中，我读出了一个年轻人的朝气、锐气，同时也感受到字里行间流露出的内敛。他的文字，反映出很强的写作能力——这是当好一名语文老师的重要基础。而更可贵的，是在流畅的表达中，毫无骄矜之气，也不虚与委蛇，有的是思想走向深刻时所自然表现出的宽怀与博通。老师如此，学生也会有所濡染。教育终究是关乎心灵的事。

关于“常识”，我还想强调一点，就是“实事求是”。

任何有效的教学，都必须从学生的需求出发，为学生提供切实可行的、不断进步的启示。学生学有所获，学得有兴趣，这样的语文课堂，才能成为理想的语文课堂。学生的成长，离不开教师的经验和智慧。于老师的教学体会，反映了他的实事求是，反映了他在解决学生问题上的孜孜以求，可圈可点处极多，殊可宝贵。

老师无疑要对各种教学原则烂熟于心，但若只停留在原则层面的复述，却不能解决学生学习中的实际问题，就有悖于实事求是的精神了。于老师完全不是这样。比如，都说要多读多写，可学生若是不爱读不爱写，怎么办？老师怎么去调动学生阅读写作的积极性，怎么帮助学生找到突破口？再比如，老师怎么处理阅读材料，才能使各类学生都能进入作品，而且学有所得呢？有时，“屠龙之术”，会令学生受到启发；有时，“雕虫之技”也能给孩子真实恰切的收获。凡此种种，都需要老师实事求是，才能给学生以到位的关怀指导。这一切，都离不开教师自己的阅读体验和不断深化的思考总结。于老师在这诸多方面，分明已渐入佳境，他的经验很值得与更多青年老师分享。

日下，“国学”已成了大家关注的热点。继承中华优秀传统文化，是功在千秋的教育之责，语文教师当仁不让，尤该率先而为。于老师在这方面非常努力，兢兢业业，令人欣慰。他不仅能潜下心来读书，而且力求站在当代文化的高度去开掘、诠释经典，把生动活泼的学习体验带给学生，在心灵的相互触碰中，帮助学生涵泳情操、锻造精神。对经典的解读，不应是刻板的说教，也不应搞庸俗的花架子，而须保持学术的严谨并具有相当的深度和广度。在这方面，叶圣陶先生说过：“先生之为教，不在全盘授予，而在相机引诱，必令学生运其才智，勤其训练，领悟之源广开，熟练之功弥深，巧为善教者也。”在于老师的体会中，我们常可看到他的“相机引诱”，看到他领着学生或快乐、或沉思、或激扬、或沉静地“运其才智”。运之既多，领悟必广。于老师在这方面的很多体会，灵活而务实，令人叹赏。我年轻时，比现在的于老师“弗如远甚”，真是后生可畏！

当然，于老师的教学体会，未必是解决教学所有问题的金钥匙，但一定能让我们好好想一想，什么才是教学的根本，从“乱花渐欲迷人眼”中看到教师该有怎样的追求与思考。

是为推荐序。

推荐序二 | 深耕者的良心

周融荣

于晓冰的学生，博士，青年作家，策展人，任职于北京大学

于晓冰老师在北师大实验中学深耕了20余年，我是他在这里最早的学生之一。一转眼，我自己年届三十，获得了香港科技大学数学系学士学位、中央美术学院博士学位，经历了金融投资和艺术行业的不同工作，作为青年作家和策展人初步立足，进入高校任职。至今想来，仍然觉得遇到于老师是人生的一大幸事。

2003年左右，我开始在北师大实验中学初中部就读，当时的语文老师正是于老师。近20年前，中学教师的职业“内卷”还没有正式开始。于老师作为北京师范大学的高才生，在积累了两年的对口附属小学教学经验之后，开始到附中任职，其学历和教学水平无疑是优秀并受到认可的。我至今记得于老师在发现我的阅读兴趣以后，帮我推荐专业书籍，甚至在我为某次考试成绩不理想而懊恼的时候善意开导，说一时的分数并没有那么重要。事实确实如此，优势是逐渐积累的：初一、初二时，我的语文成绩稳定在全年级前30%左右，并非次次拔尖；但初三以后，我基本上就不需要为语文成绩而额外花时间了。在中考和高考的备考过程中，语文成

绩一直是我稳定的“优势后方”。现在看来，从小学中高年级到初一、初二，正是个人阅读和写作能力培养的关键时期。记得于老师当时鼓励我，对花木兰故事进行不那么主流的改编，强调战争对人性的摧残；在课堂上的轮流朗诵中，他通过对姿态和节奏的强调，修正我们的气质和精神面貌；当然，打油诗“江山一笼统，井上黑窟窿，黄狗身上白，白狗身上肿”，也是令人印象深刻的修辞案例。他对“减法教育”的倡导是建立在对应试系统的了解与思考之上的，更带着对育人本身的深刻理解和使命感。

于老师在我的心目中一直是善教者的范本。多年后，我非常惊讶地发现，他的主张在当今的中学教育中不算主流。虽然我本科就读于香港科技大学数学与经济专业，但从小时候到现在博士毕业之后的职业取向，从应试到立言、立行，我一直算是擅长语文的选手。我对当下一些中学生唯题是论的现状也是非常困惑的。阅读和写作的深度、容量，以及记忆力、思考力的自主训练，是一个人在少年时代能养成的最宝贵的能力之一。它的厚积薄发不仅能为应试带来优势，还能奠定人在成年、走上工作岗位之后的技能基础。而语文也绝不像许多人以为的作文和填空那样简单。比如在进入高等数学学习阶段以后，语言思辨能力、深入阅读能力大大有助于学习和研究的推进；语言、逻辑和数学三者的关系，本来就是人类历史上最重要的哲学命题之一——这就是今天教育中“大语文”理念的根源吧。如果一个人从小没有培养深入阅读的自主兴趣，对自发形成的表达也并无积极性和信心，甚至这种兴趣和信心被其他远为次要的东西所挫磨，无论他从事什么行业，都可谓丧失了相当宝贵的天然资源。

多年后回访，我记得于老师说过一句颇有洞察力的话：“阅读和写作需要闲暇。”一定程度的闲暇是任何深入、成体系思考的必要条件。在这个强调速率和KPI的时代，于老师倡导“减法教育”是格外需要勇气的，虽然对任何稍有研究或创作经历的人来说，这不过是最显而易见的常识。事实上，不仅在教育领域，对科研领域而言也是如此。而现在在中小学中某些揠苗助长、强行量化的教育和评价方式，在学术界也一样存在。常识稀缺、急功近利、暗疾遍布，不就是社会痼疾在单个行业中的具化表现吗？有中小学生越来越普遍化的情绪和心理问题，就有科研人员在本末倒置的考核中走向崩溃、35岁以上的互联网从业者惶惶不可终日。时代中的个体，从最现实的角度考虑，哪怕是那些比同行多一点点独特生存优势的人，也并非唯本书中所谓“应试固定靶位”是瞻就能够养成的，更不要说真正的原创性人才了。

今天回溯于老师留给我的最有价值的建议，看起来十分微小：自己写完一篇文章后，想办法删除三分之一到一半，同时保留原来的意思，这样文章的语言精练性、可读性、结构合理性就会大大增强。我因此养成了下笔力除冗语、文气力求顺畅的习惯，至今受益，在英文写作中也一样。在我的见闻中，多数人都达不到这个标准，包括一些大学教授和语文教师。于老师在当时相对轻的年纪，就能有如此的感悟与传授，不能不说是一位对中文真正有心得的人，他的教育主张，同时也是对语言本身的良心。这种良心在信息泛滥的时代尤为珍贵。在诗歌、对联的讲述中，他对部分平庸案例和僵硬题目的不满，我也颇有同感。

于老师对语文教学的执着和深入始终如一。阅读他的作品，我发觉他的教学比当年更成体系，涉及的范围更广，方式更丰富多样了，于老师本人已然成了一位受欢迎的公众号作者，共鸣甚广。他的书中还涉及升学志愿填报、控制手机使用等心得，这些都是为人父母切身经历的问题，可见作为一线教师经验积累的多样性，颇具实操价值。读他与家长的交流日志，更感慨其教学交流的详尽和尽责，以及方法论发展的成熟。他对《礼记》的讲解，甚至涉及《鹿鼎记》的案例，这样精彩的解读我当年没有听到。也许多年以后，这些学生回首时，也会意识到自己的幸运。

自序 | 二十一年，我在教学现场

我是一名在教育战线上奋斗了二十多年的教师，也是一名十岁男孩的父亲。可以说，无论是学校教育，还是家庭教育，我都身处一线。在这个过程中，有经验，也有教训，我愿意把这些经验和教训与诸位关心教育的读者分享。

在我看来，今日教育的诸多问题，其实归根结底都是“加法”与“减法”的问题。不停地做加法，而不知道做减法，一味求快，最终的结果一定是慢，所谓“欲速则不达”。功利主义的盛行，导致我们很多时候追求立竿见影的效果，但什么事情能够立竿见影呢？饮鸩止渴！这句话说起来像个玩笑，也挺吓人，但恕我直言，很多人其实正在“饮鸩止渴”的路上狂奔。

这本书的写作异常缓慢，是一点一点叠加起来的。不是先拟定一个提纲，然后集中一段时间写好相关文章；更不是“奉旨填词”，为了完成某一项任务而写作。本书所选的几十篇文章，是从我的微信公众号“水寒说语文”的五百余篇原创文章中拣选出来的。虽然只是全部文章的十分之一不到，但是管中窥豹，可见一斑。所有这些文章都是我手写我口，我手写我心，非有真实的思考、真实的实践，不会付诸笔端。这五百余篇文章，是我近五年来持续写作的成果，但其中的思考与实践，却远不止近五年，而是从二十几年前我站上讲台的那一刻就开始了。

在整理这些拣选出来的文章时，我发现一个有意思的情形——在文章中多次出现同一个俗语："狗熊掰棒子——掰一穗，丢一穗。"这也正是今天教育中一味求快所造成的最大问题：学生的学习是割裂的，而不是有机的；是碎片化的，而不是整体的。与这句俗语相对应，文章中还反复出现另外一个成语，那就是"潜移默化"。我相信"十年树木，百年树人"，教育绝不能一味求快，教育唯有先"慢"下来，然后才能"快"，绝不能只是一味地做加法，更要有智慧有勇气做减法。

本书正文之外，还有一个非常重要的附录，附录的内容是我每一次的课堂小结。每一次上完课之后，我都会做一点儿课堂教学的反思和总结，不只是记录怎么上的课，更记录为什么这么上，想一想其中的得与失，并与学生家长分享。如果说前面的文章是深入的思考，那么，这些深入的思考，便是建立在日常点滴的教育教学实践基础之上的。

虽然我写的时候很慢，但诸位读者在读这本小书时，则不一定要采用慢的方式，也可以快起来。可以快速浏览每一部分的概要或者目录，选择与自己感兴趣的问题最切近的文章来读。当然，也可以采用慢的方式来读，今天读一点儿，明天读一点儿。不过，快与慢都不重要，重要的是从知到行的过程，如果只是停留在"知道”的层次，却不付诸行动，那就不是真知。

教育应该“宁慢勿快，宁拙勿巧，宁迟勿早”，尤其是在没有太多把握的情况下，更应该如此，如果只是拼命求快，拼命做加法，最终可能是不堪重负，追悔莫及。

希望我这个一线教师的点滴思考和实践，能够对正在读这本书的您有所启发。作为一线教育小卒，我愿意尽微薄之力，能影响一个是一个，能推动一点是一点，为教育进步做一点力所能及的事情。

上篇

PART 1

第一章

教育做减法，能力做加法

当“抢跑”成为教育的常态，各个学段的学生家长都不可避免地焦虑起来。这种焦虑体现在不停地做加法上，不断增加孩子的学习任务，延长他们的学习时间。

家长关注孩子每个阶段的学习成绩，狂热追求高分，总是觉得要分数更高才能代表学得更好。为了提高学业成绩，就要不断地增加孩子的学习时间，觉得唯有增加学习时间，有更多的投入，才可能有更多的产出。还有些家长认为多布置作业、加强辅导的老师才是负责任的好老师，而一旦孩子出现厌学情绪乃至心理问题，却又不知所措，甚至后悔莫及。

家长因为关注分数，所以对孩子成绩的每一次起伏都特别纠结。但应对方法通常简单粗暴，只看到眼前，而看不到长远，没有关注到这起伏背后到底存在怎样的问题——是考卷本身的问题，还是孩子学习方法的问题，抑或学习态度的问题。找不到问题所在，就不能对症下药，结果只能是治标不治本。

其实，不仅仅是家长在做加法，很多时候学校也在做加法。结果就是孩子在双重夹击之下，压力越来越大，从身体到精神，频繁地出现这样那样的问题。要想破解这个困境，就要深入思考一个最根本的问题，那就是如何理解教育的“快”与“慢”，如何看待二者之间奇妙的相对性，如何在教育中做好加减法的平衡，其中充满了教育的智慧。

学时做减法，成绩做加法

2021年4月，教育部发布了“睡眠令”，明确规定要确保中小学生每天有足够的睡眠时间。

最新版心理健康蓝皮书《中国国民心理健康发展报告（2019—2020）》显示，近十余年来，我国青少年睡眠不足现象日趋严重。分学段分析显示，有95.5%的小学生每天睡眠不足10小时，平均为8.7小时；有90.8%的初中生每天睡眠不足9小时，平均为7.6小时；有84.1%的高中生每天睡眠不足8小时，平均为7.2小时。

以上这些，都是冷冰冰的数字，感受更具体、更真实的是每一位学生家长，每天看到孩子早晨起来就没精打采、昏昏沉沉的状态，一方面会担心孩子上课效率问题，另一方面也非常担心孩子的健康状况。何止家长，老师感受也非常深刻，因为睡眠不足，学生听课效率会大幅下降。可以说，对教育部颁布的“睡眠令”，无论是老师还是家长，都会举双手赞成。但到实际操作层面又会怎样呢？情况恐怕就不那么乐观了。

学校里，一旦学生学业成绩不够理想，老师就会很自然地认为是学生投入不够，既然投入不够，那就需要增加学习时间，要使得学生的学习时间变得可控，因此就要增加作业和练习的数量。于是，不仅课堂上的时间被占满，甚至连午休、课间操等原本属于学生休息的时间也被征用了。家庭中，一旦孩子学习成绩没有达到预期，家长的第一想法就是要给孩子报课外辅导班。有时，这样做不只是为了补课，而是要超前学，只有这样心里才踏实。如果家长觉得一个课外班不够，就会报两个、三个乃至更多。于是，很多孩子每天除了在学校上课之外，放学之后，还要奔忙在各种课外辅导班之间，原本已经非常有限的睡眠时间又被进一步压缩了。

可见，不管是老师还是家长，都经常会有意无意地通过挤压孩子睡眠时间的方式，来让孩子获得更多的所谓学习时间。但是，挤压了睡眠时间，孩子就一定能学得更好吗？作为老师，我经常在课堂上看到一些学生，一大早刚开始一天的课程，就“和周公约会”去了。还有些学生虽然勉强坚持和瞌睡虫战斗，但也是“出工不出力”，头脑处在怠速运行状态。

对提高学业成绩而言，是否只有“加量”这“华山一条路”，舍此别无他途呢？在回答这个问题之前，我们不妨先看《论语》中的一段故事。

鲁哀公问孔子的弟子有若：“年成不好，国家用度不够，应该怎么办？”有若答道：“为什么不实行十分抽一的税率呢？”哀公道：“十分抽二，我还不够，怎么能十分抽一呢？”有若答道：

“如果百姓的用度够，您怎么会不够？如果百姓的用度不够，您又怎么会够？”

哀公是典型的直线思维：既然年成不好，国家用度不够，那就要提高税率，如果十分之二还不够的话，那就干脆增加到十分之三、十分之四，甚至更多。有若却不这么想，他是逆向思维，觉得反而应该少收税，理由是如果百姓的用度够了，君主的用度就没有不够的。当百姓的生产积极性被调动起来之后，即使只是十税一，总量也会增加。

我想，这个故事对我们应该有所启示，在教育中也应该转变一下想法和做法。要提高学生的学业水平，不要简单粗暴地一味“做加法”，而是要反其道而行之。我们都有这样的经验：在精力不济时三小时才能干完的活，精力充沛时一小时足矣。为什么我们不想办法把时间还给学生，让他们养精蓄锐，学得更有效率呢？

但在学校里，常常是一个老师想明白了，要“做减法”，那让渡出来的时间，马上就会被其他学科的老师占领，于是，为了不让自己所教的学科吃亏，也不得不跟着“做加法”。甚至可能出现哪个学科的老师“压榨”得更狠，哪个学科的成绩就更为出色的现象。因为学生为了避免被这些学科的老师批评，就不得不在这些学科上投入更多的时间。结果是，看起来某些学科成绩确实有所提高，但实际上却是以牺牲其他学科为代价，学生的整体学业水平并没有得到有效提高。在家庭中，常常也是个别家长虽然想明白了，要“做减法”，但一看到别人家的孩子“三更灯火五更鸡”地苦读，就又不淡定了，觉得还是“做加法”更踏实。因为做加法，总还是有能看得见、抓得着的东西，觉得多做一些总比少做一些更好。于是除了学校的作业和练习之外，有各种各样的课外辅导乃至课外练习跟上来，学生每天都被无穷无尽的作业和练习的大山压着，甚至连抬个头、伸伸懒腰的时间都没有。学校和家庭不断“做加法”的结果，就是苦了孩子，无论教育部门颁布多少“睡眠令”，孩子的睡眠依然严重不足。

作为老师，我经常表达一个观点：现在的学生，如果学习时间能够降低一半，少留或者不留家庭作业，他们的学习兴趣会更浓，学习效率会更高，学习收获会更大。小石子抛入水中，会咕咚一声，引起涟漪。

我个人这些年就在证明这个观点的道路上奋力前行，坚定不移地实行“三不”政策：不拖堂，不加课，不布置硬性家庭作业。结果如何呢？虽然中考成绩证明我的做法行之有效，过程却颇为艰辛，经常碰得头破血流。

为什么会碰得头破血流？因为惯性思考的力量太强大。虽然无论是学生，还是家长，都可能正被沉重的家庭作业负担折磨着。但是，如果老师对他们说，少留或者不留家庭作业好不好？他们绝大多数人的第一反应就是那怎么能行，一下子就恐慌起来：不布置作业怎么提高学习成绩？不布置作业怎么培养孩子的责任心？不布置作业怎么保证学生乃至学校的竞争力？不布置作业，怎么让孩子改善学习技巧，学会时间管理？不布置作业怎么能让家长了解学校的教学进度及课程设置？这一大串的问题一下子就冒出来了。好像这一系列目标，都要通过布置家庭作业才能更好地达成。在相当一部分人看来，少留或不留家庭作业的老师，就是懒惰的老师，就是不负责任的老师。

那么，以上这一系列关于家庭作业的问题及推论是建立在什么基础之上的呢？

大多数人想当然地认为家庭作业和这些目标有因果关系。但是，这些因果关系真的存在吗？有什么研究可以证明吗？

如果进一步追问的话，可能大多数人又含糊了。之所以含糊，是因为这些目标和家庭作业之间的关系更多是他们听别人说的，或者想当然的，并没有实证。科学要讲究实证，教育是科学，教育也需要实证，而不能只是凭感觉，拍着脑袋做教育。

我为大家推荐一本书，名字叫《家庭作业的迷思》。美国作家、“进步教育运动”的领军人物艾尔菲·科恩，以三百多种文献作为基础，写下了这本书。这本书通过实证的方法打破了家庭作业的虚假神话，其结论是，家庭作业不但没有用，反而有害。

在这本书的最末，作者这样说：“有股强大的势力把家庭作业塞进孩子的书包里，但是我们以前曾经挑战过这股势力。我们曾经揭露其看法毫无事实依据，并呼吁人们为自己的兴趣和利益辩护，以及改变内定政策。如果家庭作业的存在本身是一个迷思，那么我们欠所有的孩子，一个以真相、以合理为基础的政策。”

那么，这本打破家庭作业虚假神话的研究书籍，是如何分析，采用了哪些实证，得出这样一个在今天看来甚至可以说是石破天惊的结论的呢？我不想一一罗列，最好的办法是自己亲自看这本书。

但这本书中有一段话我特别愿意摘录一下：“一个人越不明白教学如何运作，越不知道如何看出哪些学生遇到困难，他就越有可能认为测验分数很重要。我相信，对家庭作业的支持同样来自对认知科学、教育学和儿童发展的无知。”这段话无论在家长还是在老师读来，一定都会觉得很受刺激，甚至会有一些难堪。

当然，我并不认定这本书所讲的一定是唯一的绝对的真理，可能总还有这样那样的瑕疵，不过，这本书提供给我们一个看待家庭作业问题的全新的角度。十年前看到这本书，我就对其中的论断甚为服膺，之后时常拿起来读，而且在教育教学中努力践行。我在教学中一直奉行“三不”政策，努力激发学生的学习兴趣，努力做到精讲精练，尽可能少地占用学生的学习时间，最终依然能够取得不错的成绩。在关于学生课外班的调查中我也发现，有一部分学生几乎任何课外班都不上，家长非常有意识地培养孩子独立自主的学习意识，他们的成绩在班级中反而处于领先位置。我以为，这是一本不只是“每位老师和校长都应该阅读的书”，也是每位家长都应该阅读的书。

我们在教育过程中，要好好琢磨一下减法与加法之间的关系，不要一味“做加法”，否则很可能是误用光阴，在错误的教育道路上拼命奔跑，结果就是南辕北辙，越用力，距离正确的目的地越远。

大多数人认为埃及金字塔是由奴隶建造的，但也有人认为建造金字塔的不是奴隶，而是自由民，因为唯有自由民在身体自由、精神自由的状态下，才有可能完成这样精细出色的工作，而奴隶则很难做到。且不说这个观点是否正确，但从我们每个人的实践经验来看，一旦处在外部的高压强制之下，更多的就是凑合完成任务的心态，甚至心生反抗之意；唯有自觉自愿地去做某一工作，才可能干得更好，这也是不争的事实。而这一事实，同样适用于学生的学习。学习只依靠外部的高压是不行的，还要有内驱力才行。

2021 年 7 月 24 日，中共中央办公厅、国务院办公厅印发了《关于进一步减轻义务教育阶段学生作业负担和校外培训负担的意见》。在很短的时间内，全国各地都出台了各种措施强力推进“双减”。面对“双减”，从家庭到学校，从家长到老师，都会有一种担心：一旦“双减”了，减少作业量，减少校外培训，那么学生的学业成绩该怎么办？其实，不能只看到“减”，“减”只是手段，而“加”才是目的。

教育现状和教育实践告诉我们，无论是学校还是家庭，在教育中都要学会“做减法”，而不是一味“做加法”。要努力做到学时做减法，成绩做加法。当然，在教育中“做减法”既需要智慧，更需要勇气，二者缺一不可。

快是断肠草，慢是还魂丹

不知从什么时候开始，我们的教育越来越强调“快”，什么都要快，不仅不能输在起跑线上，而且在起跑线上还要抢跑，要卡住位置，要争取领先一步。

所有人，从家长到老师到孩子，就这么被裹挟着，磕磕绊绊地奔跑着。大家都觉得难受，但谁也不敢松一口气，总担心这一口气跟不上，就被落下，再也追不上了。但事实果真如此吗？

从我做一线教师的经验和思考来看，“快”在很多时候并不像我们想象中那么美好，甚至潜伏着种种巨大的危害。从行为习惯的养成，到学习内容的安排，欲速则不达的情形比比皆是。

从行为习惯的养成来说，我可以举这样几个例子。

比如，很多孩子在幼儿园大班甚至中班时，就开始被要求学写字。但这时孩子手部小肌肉的力量还无法很好地控制笔杆，各种不正确的握笔姿势就出现了：越抓越紧，越抓越用力，为了更好地控制笔，不是手指距离笔尖一寸，而是常常要用三个手指捏在笔尖上；而为了看清所写的字，就不得不经常歪着头。

随着作业日渐增多，孩子写字的数量也越来越多。此时他们要么是因为握笔姿势错误，写字速度提不上去；要么是提高了写字速度，但是质量上不去，变成了“蜘蛛爬”的样子。如此恶性循环。据我观察，初中阶段至少有一半的学生握笔姿势不正确，抛开字迹美观的高要求不说，有相当一部分学生，连“字迹能清楚辨识”这一最低标准恐怕都不容易达到。

但到了这时候，错误的握笔姿势、错误的写字习惯已经彻底形成。肌肉记忆极为顽固，再想纠正错误的肌肉运动方式，难上加难。提早学习写字，看似快了，实则慢了。

又比如，学生听到上课铃声，应该自觉地做好上课的相关准备。这种课前准备应该是学生养成习惯，自觉自动地完成。但是，直到初中甚至高中，有相当数量班级的学生，课前还需要老师提醒，拍巴掌，甚至敲桌子，嘴里还要大声喊着：“打铃了，抓紧回座位坐好，准备上课！”

老师这样做似乎能很快让学生进入有秩序的上课状态，但实际上，这只是外界强制影响的结果，学生的心思并没有收回来。很多老师缺乏耐心等待着让学生自己意识到该上课了，总觉得耽误三五分钟实在是太可惜。但实际上这每一次的强制提醒，都在学生那里强化了一种被动的心态，他们自己并没有养成主动的自控能力。没有自控能力，只依靠外界强制，短期看是快，长期看则是慢。

再比如，老师应该让学生学会倾听，在别人发言时，不管发言者是老师还是其他同学，都应该学会认真倾听。这既是一种礼貌，也是一种能力，只有认真倾听才能够准确把握别人所要表达的主要意思。

但是，在实际的教育教学中，我们却缺少这方面的训练。在课堂上，老师讲课时也好，学生回答问题时也好，经常是乱哄哄的。为了赶课程进度，老师不是有意识地去培养学生认真倾听的习惯，而是有意无意中提高嗓门，想要通过这种方式压过学生的声音。甚至还有相当一部分老师为了压过学生的声音，要配上便携式小喇叭讲课。

这样做的结果如何呢？看似按时讲完了课，甚至提前完成了教学任务。但是，有多少学生是在认真倾听呢？难道我们就不能等一等，慢一点儿，让学生主动意识到应该学会倾听吗？

有一些学生很可能一节课心思都没有收回来，都在和别的同学嘁嘁喳喳小声说话。在没有学会倾听的状态下，老师所讲的内容又有多少能够进入他们的心里呢？这要打一个大大的问号。

从学习内容的安排方面，还可以举这样几个例子。

比如，现在人们对中华优秀传统文化很重视，很多学校都以古诗文背诵为“抓手”，进行相关内容的教学。

但是，我观察到相当一部分学校置《义务教育语文课程标准》于不顾，大幅度提高学生背诵古诗文的数量，同时也将要求完成相关诗文背诵的时间大幅提前。

《义务教育语文课程标准》规定学生在小学六年之内要背诵优秀诗文 160 篇左右，其中附录部分推荐了 70 余篇。这本是要求学生在小学六年之内完成的学习任务，但是有一些小学要求学生在一二年级就把这部分内容完成，甚至要求学生每周背诵四五首古诗。看似提早完成了相关学习任务，但是相当一部分学生为了完成这些背诵任务，被家长和老师逼得死去活来。这种做法早早就扼杀了他们对古诗文的兴趣，得不偿失。

又比如，现在“得语文者得天下，得阅读者得天下”这类说法流传甚广。但是，到底怎么才能“得语文”，怎么才能“得阅读”，却很少有人考虑。人们常常是“头痛医头，脚痛医脚”，阅读不好，那就找各种阅读习题来做。殊不知那些碎片式的为了考试而选取的阅读材料，并不能真正提高阅读的能力，它们只对考试本身有意义。

只有真正养成良好的阅读习惯，切实提升阅读能力，才能从根本上解决问题。但这些在相当一部分老师、家长和学生看来，都太慢了。大家都愿意去寻找所谓的捷径，但实际上语文学习中的“终南捷径”并不存在，真正的捷径应该是抓住语文学习的基本规律。

再比如，现在有“用考试倒逼教学”的说法。不能说这种说法完全不对，但是非常遗憾，相当一部分倒逼的结果是把本应该在初三、高三完成的学习内容和达成的相应能力，下放到了初二、高二，甚至是初一、高一。

我关注到有些区县举办的教研活动，在初一的课程内容中，就开始对标中考，把中考所涉及的考点下放到初一的课堂来讲。但实际上，对于相当一部分中考考点，初一学生的能力还远远地达不到，理解起来有相当难度，甚至根本就理解不了。

这时候怎么办？老师会想着教给学生各种套路来解决问题。虽然看似用这样或者那样的公式和套路解决了问题，短期来看有一定效果，但长期来看，却是顶在了“玻璃天花板”上了，学生知其然而不知其所以然，无法再取得更大的突破。在不知不觉中，学生养成了急功近利的学习习惯，考什么学什么，不考的就不学。

在学校教育中，这样的例子比比皆是，举不胜举。但常常是因为大家都这样，长期以来都是如此，所以就对这样一些问题熟视无睹、习焉不察了。

这种麻木不仁非常可怕，错误的教育理念导致的教育行为，在点滴侵害着学生。日复一日，年复一年，这种教育中的“快”就成了“断肠草”，对学生的健康成长是致命的。

米饭夹生了，再做熟就不容易了。揠苗助长，看似短时间内长了一大截，但等到发现危害了，再把这些秧苗摁回土里去，也长不好了，因为根已经受损。虽然在这时候，“慢”是“还魂丹”，但是，与其在病了之后再想着回过头来弥补，不如防患于未然，用“慢”来预防未病之病。

教育过程中，在没有把握的情况下，宁慢勿快，宁拙勿巧。不要让“十年树木，百年树人”“静待花开”等美好的话语只是停留在教育理念、教育口号上面，更应该将其转化为扎扎实实的教育行动。

英雄问出处，分数问来路

六年前的夏天，我刚结束难忘又难熬的初三备考，我所教的两个班，从平均分到高分段等数据，都排在了同类型班级中的中等或者中等偏上的位置。这个成绩看上去不算什么，只能算勉强还可以。但是如果我说一说这分数背后的故事，就很值得玩味了。

从初一开始，我先是教 2 班和 8 班，一个普通班，一个实验班。但到了初二，“据传说”实验班的家长不满，要求换老师，理由是我教学的成绩不理想，我带的普通班成绩排在普通班的最末，实验班排在实验班的最末。于是，我不得已被换到另一个普通班，也就是 7 班。7 班最初的成绩在年级中排在中等水平，结果，我开始接手后，就稳定在了倒数第二的水平，因为还有一个 2 班，也是我教的，稳稳守住了第一，不过这个第一，不是正数，而是倒数。也正因为这样的成绩，我每天都生活在质疑之中。这些质疑，有极少一部分来自学生，有一小部分来自家长，当然，也还有一部分来自一些同事。虽然我对这些质疑不以为意，但它们还是在相当程度上干扰了我的教学理念的贯彻实施，使我不得不适当地退让，或者说是以退为进。在这一届学生的整个初中三年尤其是初三一年中，我就是在这样的和现实强烈冲撞的状态下过来的。虽然不能说是熬过来，但至少在很大程度上让人觉得不大舒服。

回过头来再说说我这个成绩是如何得来的吧。初三伊始，我再次对学生郑重承诺在教学过程中努力做到“三不”，即“不加课，不拖堂，不留硬性作业”。如果说初一、初二时做到这样，尚且有一定的难度，那么，面对初三应考的巨大压力，做到这一点就更是难上加难。也正因为这样的“三不”，初一、初二我所教的班级的成绩很不理想，初三时在短期内依然没有太大的改观，也因此，这一事实成为很多人攻击我的依据，他们认为我偷懒、不负责任。但事实果真如此吗？

现在来说说我为什么要推行这个“三不”。

第一，“死揪”害人。

我一直认为，如果一个老师用考试或者分数威胁学生，以此让学生拿到好成绩，并进一步证明自己是好老师，这种做法是不大靠谱、不大对头的。我一贯反对“死揪”。因为“死揪”虽然在一定程度上可以带来分数的提高，但对学生而言既伤害兴趣，也伤害情感，从长远来看，得不偿失。所以，在我的课堂上，初一、初二阶段，绝对不以考试成绩为教学目标，而是以培养和激发兴趣为主。非但不以考试为目标，而且课堂上绝口不提考试这个茬儿。我和学生说，我的课堂教学在“有意无意”之间。我会不会讲考试的要点？会讲，而且一定讲得很清楚、很透彻，但是，我绝对不会直白地告诉你们这个要点考试要考、要特别注意。我这些看起来“无意”的讲解，实际上都建立在我对中考的深入研究基础之上。我不一定要讲考试题，随便拿个材料来，那些考试题所考查的能力我在讲解过程中都会涉及。我是“有意”要讲，但又绝口不提考试，让学生觉得我是“无意”在讲，学生也是“无意”之中得之，我们双方的这种“无意”，才会成就无压力、有兴味的语文课堂。而如果我们双方都非常“用力”，让课堂围绕着考试来转，虽然最终的成绩可能不错，但是，课堂气氛就太压抑、太糟糕了，一旦学生的学习兴趣遭到了伤害，那就是最大的损失。

补充一点这样做的结果。从初三开始，学生在我讲课的时候逐渐发现：哦，这个知识点老师曾经在初一讲过，那个能力点老师在初二讲过。他们就在这样的愉悦的发现中度过中考语文备考的艰难时光。中考之前，有家长专门到我办公室，感谢我两三年来在激发孩子的语文学习兴趣方面所做的工作。我对家长说，我要做的就是通过“研究”，至少是保持学生兴趣的星星之火，而不是通过“死揪”把这个火星掐灭。功成不必在我，或许有一天，这个星星之火，可成燎原之势。但如果我今天为了自己的业绩，用“死揪”伤害了学生学语文的兴趣，那罪过可就大了，因为无论如何这个火星都没有任何可能成为燎原之火了。

第二，“研究”利己。

反对“死揪”只解决了一定不能去做什么的问题，但是一定要做什么的问题没有解决。解决这个问题，要依靠“研究”。我个人虽然非常讨厌应试，但因为机缘巧合，十几年来一直在做一些和应试相关的事情，比如，连续十年参与区里的初三期末、一模、二模试题的命题，所以对考试命题极为熟悉；连续九年参与或主要负责区里的中考阅卷工作，所以对阅卷极为熟悉。我连续十几年关注中考试题，对近十年来的每一道中考试题都极为熟悉，随便拿出一道试题来，就能立即指出是哪一年的哪一道试题，不仅能知其然，还能知其所以然，能够指出其发展脉络，能够举一反三甚至更多，并且不局限于这些试题本身，而能够从这些试题出发，信手拈来命制出更多的试题来。近五六年，我每年都写数万字的中考试题分析，对历年试题的优劣都有明确、深入的认识，几乎每一年都有两三次在区里给初三老师做这样或那样形式的中考备考复习指导。也正是这样的“研究”经历，使得我对中考备考具有足够的底气。

第三，用行动和时间证明。

有了认识，接下来要做的工作就是用实际行动证明“研究”比“死揪”更有效。初一入学伊始，我就充分利用课堂和家长会，对学生和家长宣讲语文学习应该保持非功利的状态，要成为“读书人”，而不是“练习人”。但说实话，在功利、浮躁的社会状况下，想做一点儿非功利的事真是难上加难。我不停地和学生家长沟通，每一次考试后出成绩的时候，我都要面对各方质疑的目光。学生还好说，总可以通过长时间的课堂上的熏陶来影响他们；但家长和其他一些人，则不好办得多。我在初一结束后的假期中专门组织家长，分两三拨，每拨十几个人，到我家里茶叙，专门向他们宣讲我的教育教学理念，饶是如此，最终还是被从实验班调整到普通班。

初三开学之初，类似的事情再次发生，有人以我带的班级成绩不理想为由，要求学校将我调整到其他年级，如果不是我强烈坚持，连一个证明自己的机会都没有。还好，2 班我坚持三年带下来了。或许 2 班这样的中考成绩，在某些人看来，有出人意料的逆袭的意味，充满了偶然性。但在我，则完全是意料之中、顺理成章的事。因为，我做了符合语文教学规律的事情。

初一、初二的底子打得差不多了，即使到了初三，我也没有立刻就开始冲刺，而是不疾不徐，不随着别人的节拍起舞。我有一个非常完整的教学规划，先做什么、后做什么，哪些需要重点做、哪些可以适当放一放，在深思熟虑后，我对这一切都胸有成竹。初三一年，我写了一系列中考备考复习指导给学生和家长，让他们明确每个人都应该做什么，都能够做到心中有数。我也通过 QQ 持续和家长沟通，解答他们的各种问题，在每次大考结束之后，还会有意识地做很深入的总结分析。一年下来，形成文字的内容就有十几万字，这十几万字的东西只是我平时不断思考的精华，而绝对不是全部。

也正是通过这样艰苦的工作，我先赢得了学生的认可，又赢得了家长的支持，他们都对我抱有莫大的信心。于是，初三一年，我们班要比同年级中的其他班级少做三分之一以上的练习题，我称那些题是“野题”，是“烂桃”，不值得一做，不值得一品。除了抓住课堂上的时间，我从没有增加过任何一节课，没有占用过一个午自习，也从没有留过任何硬性作业。可以毫不夸张地讲，我的学生在语文备考方面是最轻松的，他们只需按照老师的要求，在课堂上集中注意力，课下稍做一点复习就够了。于是常常会出现这样有趣的现象：在其他班级的学生将老师围个水泄不通提问题时，我身边常常是空无一人；在很多老师埋头苦批试卷时，我把考过的试卷往那里一扔，去运动了。我和学生讲，要抓住课堂这个主阵地，学习是你们自己的事情，我没有必要在课下埋在试卷堆里批改，但我一定确保通过认真的研究思考，给你们讲清楚讲明白，你们只要把我课堂上所讲的内容反复消化好就足够了，绝对不要刷题！虽然答疑的时候，我的座位边上空无一人，但我还不好意思离开，我必须坚守岗位，不想被人扣上“不负责任”的帽子。渐渐地有其他班的学生来找我问问题，我也热情地回答他们，因为他们也都算是我的学生。

不是我教的一个班的学生家长对我的评价很有意思：“我们以为于老师不会应试呢。听您一讲考试，原来您不但会，还特别会。”我的回答是：“我当然会，只是不屑于专门去做这件事罢了。”

我在一篇谈应试中的减负增效的文章中说过，现在的初三备考是“英雄不问出处，分数不问来路”。实际上，我希望“英雄问出处，分数问来路”。“死揪”固然可以让学生获得好成绩，但那样的分数不要也罢。老师要通过“研究”，做到真正的减负增效。考试有那么难对付吗？如果真的研究明白了，其实是小菜一碟而已。

那么，我在教学生的时候，少做练习题而节约下来的那么多时间用来干什么了？我教给他们自主学习的重要性、良好的学习方法还有做人的道理等等，这些或许都比成绩更重要。当然，凡事要退一步思考，如果当时我无法用成绩去说服那些质疑我的人，那我的这些做法是不是还有价值、还有坚持下去的必要？这是更值得思考的问题。

做语文老师难，又不难。做一个应试的语文老师，很累很苦很难，但做一个不功利的语文老师却不难，多读点书，多做一点思考，激发学生的语文学习兴趣，潜移默化地影响他们，给他们展示正确的语文学习路径，这就足够了！

狂热追求高分，既是病态也是无知

“如果我这个填空题不出错，那我这次英语就得满分了。可惜之前刷题的时候没注意到这个知识点。”

——某同学的自我感叹

“你看人家小明，数学考了满分，你和人家还有 5 分的差距呢！你就是题做得少，要再努力！你也拿个满分给我长长脸！”

——某家长对孩子的期望

“我看你这次考试的排名，如果你总分再多 6 分，也就是平均每科多拿 1 分多点儿，你就可以进年级前十了。”

——某老师和学生的谈话

如今的小学考试，语文数学“双百”算是标配。中学考试，也要各科无限接近满分，才有可能被奉为“学霸”或者“学神”，享受万众崇拜的目光。

学生、家长、老师，每个人都对高分甚至满分充满了无限的向往，孜孜以求，并为此付出艰苦卓绝的努力。每个人都觉得考试拿高分甚至满分，才是成功的表现，很少有人会觉得这种对高分的狂热追求是一种病态，甚至是无知。

然而，作为老师，我会对我的学生说，平时考试考八十多分就挺好，没必要追求什么太高的分数。作为父亲，我也绝对不会对我的孩子提出什么高分甚至满分的要求，八十多分就挺好！

下面我就来说说，为什么狂热追求高分甚至满分是一种病，是一种缺乏常识的“无知病”。

第一，任何考试，都有其巨大的局限，都只能考出部分能力。

无论命题水平有多高，考试总是只能考查出考生对试卷所涵盖的有限的知识技能的掌握程度如何，所以它只是考生极少一部分能力的展示。

所以，不要因为分数高了几分就沾沾自喜，也不要因为分数低了几分就垂头丧气。同分不同质，分数并不能反映一切。甲同学为准备考试做针对性极强的复习，反复刷题；乙同学完全靠平时积累，不做针对性的复习，只依靠实力。即使两者分数完全相同，背后的含金量却是完全不同的。

我们不能只看到冰山露出水面的部分，而不关注冰山藏在水下的部分。为了短期的显性的分数拼命，而忽略了长期的隐性的能力的养成，得不偿失。

为什么小学大多数学生都能考“双百”，而到了初中和高中，就出现了那么大的差距？因为每个人为“冰山藏在水下的部分”所做的看不见的努力，是如此的不同。

如果把人生比成一场考试，则这场考试没有范围，或者说范围无限大，需要全方位的能力。仅仅针对每一次考试所做的极为窄化的复习远远不够。甚至可以说，这种窄化的复习在相当程度上阻碍了你的视野和能力的扩展。

即使单纯就考试而言，这种过于窄化、急功近利的为求高分而进行的学习，一旦遇上考试内容调整或扩展的情形，不适应甚至是不知所措的情况也比比皆是。

第二，已知内容的低水平重复，会严重磨蚀学习的兴趣与热情。

产业工人在生产线上不断重复同样的动作，很快就会心生厌倦。同样的道理，为求得高分而针对特定的狭窄的考试范围做反复的机械训练，也必然会让学生心生厌倦。一个人对于未知领域的探索，因为好奇才可能充满热情，而在已知领域的不断重复却会伤害这种热情。这种热情之火一旦被熄灭，即使再面对未知事物的时候也很难燃烧。

即使是“学神”或者“学霸”，也只是在短时间内享受了获得高分甚至满分的荣耀与满足，而一旦考试成绩随着时间的推移不再成为大家关注的焦点，接下来他们就可能产生巨大的失落感。进一步而言，随着学生时代结束，不再有频繁的考试刺激，他们找不到自己存在价值的证明，则更可能产生人生的茫然之感。而这种人生的茫然感和心灵的空洞化，是对人巨大的无可挽回的伤害。

第三，追求所谓的标准答案，在一定程度上是很低端的事。

到现在为止，基础教育中的绝大多数考试还是偏向于在试卷中提出一个问题，要求学生给出一个答案。这个答案不能偏离命题人所给的参考答案，也就是大众认知中的所谓标准答案。

但事实上，我们每个人都应该很清楚地知道，提出问题的能力比解决问题的能力更重要。一个很容易解决或者可以立刻解决的问题，在相当程度上并不是具有高价值的问题。

现实生活中，我们要学会和一个复杂的或者具有高价值的问题和平共处，要学会带着它们前进，不断地深入钻研。仅仅满足于做出一个所谓的标准答案，得到一个高分；只是知其然，而不知其所以然；只是满足于记住一个结论，而不关注解决问题的方式和方法，这些都是养成真正学习能力的大忌。

请诸位读者不要往另外一个极端理解，不要误以为我说的不要狂热地追求高分，就是在倡导“60分万岁”。

“60分万岁”不可取，因为那是一种消极与懈怠。如果只考60分，则意味着你可能连考试中所涉及的基本知识和基本能力都没有掌握，这种知识和能力上的巨大疏漏，会成为你今后前进道路上的重重障碍。

而考到80分以上，则意味着这些基本知识和基本能力已经掌握了，虽然并没有做到大众眼中的所谓最好，但基本不会影响你做进一步的扩展，进一步提升你的能力。但正所谓“过犹不及”，如果都到了90分甚至更多，你还不满足，还疯狂地刷题，必然会染上我上面所讲的种种病态，遭受我前面所讲的种种伤害。

如果不为了追求高分而学习，节约下来的时间和精力能做些什么呢？我可以给出这样一些建议。

第一，精读一本或者几本真正的经典。

虽然人生的考试没有范围，但是经典却可以成为一种普适性的道理，它比一份试卷所涉及的内容要广泛得多，它具有强大的生命力，能够穿越时空而来，在我们的现实生活中发挥巨大的作用。

精读一本或者几本经典，把它们存在你的头脑中，随时随地可以取用，让它们不断地和你的阅读、你的生活相碰撞。这时你会发现，经典可以成为人生的灯塔，为你指引方向，让你的人生不会偏离航道。经典可以成为思维的武器，丰富和深化你的思想，让你能够看清纷繁复杂的世界。

第二，尽可能有意识地不断扩展你的视野和能力。

随着科技的发展，未来的社会，变动会更为剧烈。很可能不再是掌握一门知识、一种技能或在一个行业工作终生，而是随时会面临失业的危机。开阔的视野与能力，可以让你变“危”为“机”，可以让你更从容地面对这种调整。

退一步来说，仅仅就某一专门工作而言，如果有开阔的视野和能力，你就有可能从已知中发现未知，从平常中发现不平常，比别人看到更多，比别人做得更好。视野和能力在相当程度上决定着你的人生所能到达的高度。所以既要读经典，又要了解自然，还要学会向他人学习，要不断扩展你的视野和能力。

第三，在一两个自己感兴趣的方面做深入钻研。

我们都知道“兴趣是最好的老师”。每个人的兴趣点可能不同，我们也不必求同，反而应该求异。因为越是独特，则意味着越是不可替代。这个兴趣可以是针对一个特定历史时段的研究，也可以是琴棋书画中的一个爱好，甚至也可能是一门手工的技能……

要顺应兴趣的驱动，有意识地在你感兴趣的一两个方面深入钻研。这种深入钻研过程中所获得的方法和能力，在某些时候，有可能被迁移到其他的学习和工作中去，成为意想不到的助力。即使不是为了迁移，单单有一两个自己喜欢深入探究的兴趣点，也足以帮助你在无聊的时候有能力迅速摆脱消极情绪。

第四，掌握一两项可以一辈子受益的体育运动技能。

体育的重要作用，无论如何强调都不为过。它既是你身体健康的基本保障，也是你获得坚韧顽强毅力的重要来源。

法国思想家蒙田说："只要失去健康，生活就充满痛苦和压抑。没有它，快乐、智慧、知识和美德都黯然失色，并化为乌有。"一两项让我们一辈子受益的体育技能，可以让我们保持健康的体魄，而这正是一切快乐、智慧、知识和美德的基础。

即使以上我所说的这些方面你做得甚少，单单是从对高分的狂热追求中解脱出来，让生活和学习从奔忙中稍稍放慢节奏，把时间和精力剩余下来，有一些闲暇也是好的。

对于平时的考试不狂热地追求高分，是不是意味着中考、高考就得不到高分呢?

其实这两者一点都不矛盾。如果你平时狂热追求高分，很可能因为遭到这种急功近利学习方式的种种危害，顶到了"玻璃天花板"而无法突破。如果你平时注重积累、注重扩展，关注学习本身，反而可能在初三、高三复习备考过程中获得极强的加速能力。

有了这种能力，获得高分，小菜一碟。

中国的哲人孔子说：“无欲速，无见小利，欲速则不达，见小利则大事不成。”

西方的哲人卢梭说：“误用光阴比虚掷光阴损失更大，教育错了的儿童比未受教育的儿童离智慧更远。”

愿每个人，每一位学生，每一位家长，每一位老师，都能够静下心来，好好思索一下当前教育领域中狂热追求高分的严重危害。为自己，也为孩子的人生获得更好的发展，点燃一把思想的火炬，照亮前行的道路。

课外班绝非灵丹妙药

据市交管局预测，进入暑期之后，辅导班、补习班集中区域，如北三环联想桥辅路、西三环新兴桥辅路以及翠微、望京等地区，容易因接送学生车多出现拥堵情况。其中西三环的新兴桥和北三环的联想桥附近地区受接送车流高峰影响相对明显，上述区域的车多时段主要集中在上午的9时至10时、下午的15时至16时以及晚间的21时左右。

以上是北京交通广播电台《一路畅通》栏目的路况描述。不仅仅是寒暑假，双休日也是如此。课外辅导班、补习班集中已经成为很多城市特定路段交通拥堵的重要原因之一。

这几乎是一个人人上补习班的时代，教育培训机构众多，有全国性的“巨无霸”机构，也有专注于某个地方的培训机构；有全科的培训机构，也有专注于某一学科的培训机构。

作为一线老师，我看到的情形是，很多学生早晨七点多到学校，下午五点多一放学，就背着书包赶场一样赶到课外辅导班，都没有踏踏实实吃晚饭的时间。晚饭常常是家长或者辅导班的老师帮助订好了快餐，随便解决。两个多小时的课外班结束，通常要到八点半甚至更晚，回到家通常要九点多，这本该是上床睡觉的时间，但对很多学生来说，四五个科目的家庭作业时间才刚刚开始。

我在所教的班级中做过一些调查，完全没有上过课外辅导班的学生屈指可数，这么多年，我只遇到过三四个这样的学生。大多数学生每周至少有一两个辅导班，多者有五六个，几乎到了每天都有的程度，双休日甚至不止一个，这种情况在毕业班尤甚。

“一对一辅导”“快速提分”“一线名师”，这些是辅导班宣传中最常见的关键词。辅导班宣传广告可以说无孔不入，我每一次开完家长会，在校园门口必然遇到各种辅导机构的小伙子、小姑娘，他们拿着印有机构 LOGO 的环保袋和各种印刷精美的宣传页，卖力地宣传。

我在班级中布置过一篇作文，题为“我因拼搏而成功”。

有学生交上来，我一看，开头是这样的：

种子冲破岩层的禁锢影响，迎向光明；雄鹰穿过风暴的阻遏影响，飞向云霄；骏马突破缰绳的束缚影响，奔驰原野；海燕则冲向更猛烈的暴风雨。我因拼搏而成功。

再看另外一篇：

虽然我现在还只是一株稚嫩的幼苗，然而只要坚韧不拔，终会成为参天大树；虽然我现在只是涓涓细流，然而只要锲而不舍，终会拥抱大海；虽然我现在只是一只雏鹰，然而只要心存高远，跌几个跟头之后，终会占有蓝天。我因拼搏而成功。

不用说，这两个学生一定是同一辅导机构的老师教出来的。我把他们找过来，一问果然如此。学生告诉我，辅导班老师说了，这样一开头就用排比句，可以增强语势，达到生动形象的效果，容易给阅卷老师一个良好的第一印象，是满分作文开头的秘诀。

我跟学生讲，我教你们写作文最关键的三个字是“说人话”。不要不管什么作文，一上来都是“大海如何，小溪如何；青松如何，小草如何；雄鹰如何，骏马如何，最后是我如何”。那些东西和你没有任何关系，别来那些“假大空”的东西，要言之有物。

虽然我告诉学生，我在负责中考作文阅卷时，凡是这样“假大空”的作文，我都要求阅卷老师严厉打击，绝不手软。学生还是不服气、不甘心，说他们的爸妈花了大价钱，给他们请的某辅导机构的名师，怎么可能出错呢？他们还让我上网看一段这位名师的中考试题分析的视频。我看了十分钟，挑出至少五个讲错的地方。

学生和家长都特别愿意相信“十节课搞定中考化学”“二十节课搞定中考物理”这样的宣传，认为在这么短的时间内就能够达到这么好的效果，这个钱花得值。但有没有人想过，既然课外辅导班能够做到这一点，为什么那些在课外辅导机构兼职的老师，在学校里不这么做呢？干吗还要花那么多的时间做实验给学生演示，还要让学生亲自动手在实验中发现问题呢？干脆直接告诉学生结论不就得了？

各种课外辅导机构，竭尽“忽悠”之能事。我们的家长似乎也越来越明白了，为了免去一层中介的费用盘剥，开始自己“攒班”。十来个人，商量好了，组好班，找口碑好、靠谱的老师过来上课。各得其所，大家都开心！

来看几年前的我和家长的一段短信交流：

“于老师，我们攒了个班。听家长说，您讲中考题讲得特别好，我们这几个孩子语文成绩不好，我们都担心将来中考语文成绩拖后腿。您来给我们上课吧，费用您不用担心，一定比补课机构给您的高。”

“您哪位啊？我不认识您啊！”

“我们是初一学生家长，是听毕业班的学生家长说起您的。”

“才初一？！这不才刚刚上初中两个月都不到，没有任何必要补课啊。把上课外班的时间，用来踏踏实实读点儿好书，比什么都强，一定会有更大的收获。”

“您还是来给我们上吧，我们都相信您！”

“不是上不上的问题，是读书比做练习题重要得多。”

“那您就不讲做练习的事情，就讲读书的事情。”

“以我的经验，只讲读书，不讲做练习，用不了四五次，你们就会散了，因为太多的人希望立竿见影，马上就出成绩，但读书这事儿是慢功夫，不是短期就能出成绩的。”

“我们都不功利，您给我们讲讲读书的事儿也没问题，绝对不会四五次就散了！”

“这样吧，你们不是有地方吗？咱们协调一下时间，你们家长都过来，我给你们好好讲讲，怎么学好语文，怎么读书。免费！一小时两小时都行，一次讲不完，可以两次！然后你们踏踏实实在家带孩子，让孩子按照我提示的方法去读书就是了，又省钱，又有效！”

“谢谢老师！”

结果怎样呢？免费的讲座没有开成。这样的情形，我这些年遇到不止一次了。我看到太多的家长，宁愿每小时花上千块找老师补课，让孩子做各种练习题，却不愿意花一百元给孩子买几本好书来读。

有一种冷，叫“你妈妈觉得你冷”；有一种焦虑，叫“别人的孩子都上辅导班了”。

我经常听到家长之间这样的对话：

“您家孩子在哪上辅导班呢？怎么样？老师讲得好不好？”

“好！特别好！我们家孩子特别爱听这个老师的课，成绩提高得也很快！”

“哦，那您有这个老师的联系方式吧，方便给我个电话吗？我要让我们家孩子也去上他的课。”

“好啊，没问题啊！”

这样的对话听起来再正常不过，但你有没有意识到这其中的问题呢？我们不妨模仿着这段话再来一段，看看问题在哪里：

“我们家孩子病了，找了个大夫，给开了两服药，吃了很快就好了！”

“哦，那真好！哪个大夫，有电话吗？方便的话给我一个，我也联系一下这个大夫，去开两服药，给我们家孩子吃。”

“这……”

家长总感觉课外辅导班就是灵丹妙药，是太上老君的仙丹、王母娘娘的蟠桃，有病治病，没病强身。一说到辅导班，“十年树木，百年树人”“不能揠苗助长”“因材施教”这些最基本的教育常识就都被抛到九霄云外了。

不过，我虽然举了一些反面例子，但不意味着一竿子打翻一船人。也有课外辅导机构的老师，上课风趣生动，学生很爱听，确实能够给学生提供很多帮助。也有些家长确实很明白，知道自己的孩子需要什么样的老师，补足什么样的短板。

那么，要不要上课外班？如何选择合适的课外班？

一个最为基本的思考立足点，是课外班应该满足孩子的需求。

这里面有两个意思：一是不要因为别人的孩子上课外班，你的孩子就一定要上课外班；二是是否上课外班是和孩子协商之后的结果，不是你觉得他应该上，而是孩子自己的真实需要。

课外班主要有三种类型，一种是艺术类的，一种是体育类的，还有一种是文化课类的。

先说说艺术类课外班。

上这一类课外班的目的应该是激发孩子的兴趣，培养孩子的审美情趣和审美能力，而不是考级。在选择这一类课外班时，应该特别关注课外班老师对于本学科的认知和理解水平，而不是以性价比为考量因素去选择最便宜的，或者认为最贵就一定最好。

以绘画班为例，如果老师展示给你的是经过他教了一段时间之后，这个孩子画得有多像，我想这样的绘画班不应该报，因为老师教的是单纯的绘画技巧，而不是审美能力。短期看，孩子可以画得很像，但长期看，对孩子审美能力的提高非但没有任何帮助，甚至有害。

不要孩子一学钢琴，就期望他成为下一个肖邦；学唱歌，就期望他成为下一个帕瓦罗蒂；学绘画，就期望他成为下一个毕加索。不要轻易相信“一万小时定律”，固然，下苦功夫可以达到相当的高度，但是必须承认，艺术创作需要相当的天赋才行。我们普通人学习艺术，不是非要去做艺术创作，而主要是为了提升艺术欣赏水平，所以，完全可以“眼高手低”。孩子长大后去参观各种类型的艺术博物馆时，可以说出个子丑寅卯就好了。去听一场音乐会或者看一场舞蹈表演，能够说出好在哪里、不好在哪里，平时自己也能自娱自乐地画几笔、弹一段，有这样一些能力，就已经足够了。审美能力和审美情趣，对一个人的一生而言，非常重要。

再说说体育类的课外班。

现在体育被纳入中高考，所以体育类的课外班也日趋火爆，甚至有专门针对中高考科目的篮球绕杆、引体向上、实心球、八百米或者一千米跑的课外班，而我们的家长让孩子参加这些课外班的目的，无非就是短期提高成绩，能够在中高考体育测试中不丢分或者少丢分。

这种急功近利的想法是大错特错了。要让孩子上体育的课外培训班，绝对不仅仅是要孩子在中高考体育测试中拿到好成绩。应该把目标放在让孩子掌握一两项可以终身受用的体育运动技能，为他一辈子的健康打下一个良好的基础上。

不要看人家孩子去练跆拳道，就让你的孩子去练跆拳道；看人家孩子学击剑，就让你的孩子去学击剑；看人家孩子打乒乓球，就让你的孩子去学打乒乓球。不妨最初多了解了解，多观察观察，看看你的孩子喜欢什么样的体育项目，适合什么样的体育项目，然后再做出最终的决定也不迟。一旦选择，就坚持下来。在他求学期间，这项体育运动能够成为繁重学习压力的调节剂，在他成年以后，能够成为一辈子健康的保护神，这也就足够了。

最后，要说说文化课类的课外班。

“快速提分”是现在文化类课外班招生时最大的卖点。当然，之所以有这个最大卖点，是因为我们的家长和学生在这方面有最大的需求。

在说如何选择这一类课外班之前，需要先说说这种“快速提分”背后隐藏着哪些不为人知的秘密或者危险。

如果某一个课外班宣传其学生从一模到中高考，单科平均成绩提高 10 分以上，那我建议您关注一下您孩子所在学校上一年的一模成绩和最终的中高考成绩，您会很惊讶地发现，整个学校的单科平均成绩差不多都提高了近 10 分。您再关注一下全地区的成绩，也会发现同样的现象。那么，问题来了，是全体同学都参加了课外补习班，所以成绩才提高了那么多吗？

显然不是。之所以全校或者全地区学生的分数都有较大幅度的提高，不是短时期内全体学生应试能力发生飞跃的结果，而是因为一模的阅卷标准总体偏紧，而正式中高考时，阅卷标准总体偏松。这样做的原因很容易理解：平时是训练，要从严要求；而中高考作为最终的结果，可以适当从宽。

如果某一个课外班宣称可以在十节课或者二十节课内讲完初中化学或初中物理，那么一定要提高警惕。在课外班，老师可能仅仅用三五分钟似乎就讲明白了某个知识点，但只是告诉了学生结论，并没有引发学生的深入思考。而学校里的老师在课堂上要用一节课、两节课甚至更长时间，不断地提出问题，不断地激发学生思考讨论，最终使问题得到圆满解决。虽然看起来浪费了很多时间，但这个时间“浪费”得真的非常值得。让学生既知其然，又知其所以然，在探索并解决问题的过程中兴味盎然，这才是真正的学习。

当然，课外班也有难处。如果不这样宣传，很多家长或者学生认为钱花得不值，他们就是希望“在最短的时间内有最好的效果”。所谓最好的效果，就是拿到好分数。就语文来说，很多学生和家长会有这样简单的判断：一节课能讲三篇甚至五篇阅读的老师，要比三节课才讲一篇阅读的老师更好，更有效率。不仅仅在课外班这样，在学校的课堂上也会出现类似的情况。对于教育的急功近利，应该说，各方都有不可推卸的责任。

我对是否选择文化课的课外班的态度是，首先要让孩子在学校上好每一节课，认真听讲，积极向老师提出这样或者那样的疑问，争取在学校的学习中能够最大化地解决问题。

我们有一些家长，费了很大的气力，好不容易让孩子上了心目中理想的学校，结果却放着学校的优质资源不去利用，反而再花大价钱去找课外班来补课，甚至不关注孩子在学校上课的情况，反而更关注孩子在课外班上课的情况——因为觉得课外班花的钱多，就让孩子一定要好好听，要有大收获才能回本。这种做法真真是捡了芝麻，丢了西瓜。

随着近年来国家各种深化教育改革政策的出台，考试也有大幅调整的趋势，从原来的着重考查死记硬背知识点，转向着重考查学生在实际生活中解决问题的能力，而这样的能力，真不是“刷题”就能够解决的。

家长要和孩子以及学校的老师充分交流，明确孩子的短板在哪里，然后再有针对性地去补课。比如，以中考物理为例，要明白是电学的部分有问题，还是光学的部分有问题，或者是力学的部分有问题，甚至，还应该更为细致，比如力学部分的哪一个更细的环节有问题。每一次发现问题，要让孩子带着问题找老师，而不是被动地等着老师来教，这样就避免了已经会的问题反复听，既浪费了时间和金钱，又没有达成效果。

曾经有一位学生和我说：“作为一个学生，我从小没上过文艺类以外的课外班。有几次看班上同学都去听某个老师的课，我也有了去试试的念头，结果一节试听课上完，再在学校听老师讲的时候，就觉得自己已经会了，自以为是，完全不认真听，‘一瓶不满半瓶子晃荡’。自此以后，我完全没有任何上课外班的念头了。”

学习的动力在于对新知识的好奇心，不要把孩子的好奇心都磨没了。

总之，家长要做的，就是努力从根本上激发孩子的学习兴趣，从根本上解决孩子的学习问题。

小升初成绩大跳水，全是吃了短视的亏

通常，学生从小学升入初中后，一开学就会面临一个摸底考试。摸底考试成绩出来之后，大多数学生和他们的家长的反应“神同步”：最初是吃惊，然后是疑惑，接着是焦虑。到底发生了什么事？

原来，与小学相比，学生成绩“大跳水”，语文成绩尤其如此。之所以吃惊，是因为实在不能适应从小学阶段习惯于满分或者至少九十分以上，到现在忽然掉到了七八十分，甚至有一些学生落到了不及格的水平。

吃惊之后，自然是疑惑：怎么会这样？为什么会这样？

是水平降低了吗？

很多知识和能力，一旦真正掌握，就应该像游泳或者骑自行车一样，即使在一段时间内缺乏操练，再上手时稍有生疏之感，但也不至于完全不会。从小学到中学，只是经过了一个暑假，水平降低得如此之快，显然还是有一些不可思议。

是考试难度加大了吗？

这是一次摸底考试，既然是“摸底”，就不是针对最高水平学生的选拔，而是要通过考试了解学生的整体水平如何。因此，考试所涉及的内容一定是侧重于小学的内容，而不是要考查中学将要学习的内容。因此，从考试难度上来说，不存在陡然上升了一个台阶、让很多学生够不到的情况。

是发挥失常了吗？

具体到个人，因为精神紧张等因素导致发挥失常是考试中常有的事。但这一现象占比很小，绝不会出现大部分考生都发挥失常的情况。如果排除了试题的科学性问题，那么大多数人分数“大跳水”的现象，显然不能简单归因为发挥失常。更何况还有一小部分学生的成绩只是微降，并未“跳水”，这又是为什么呢？

如果以上原因都被排除掉，那又为什么会出现初一摸底考试成绩“大跳水”的情况呢？

其中隐藏了两个秘密，是很多学生和家长所不知道的，不妨展开来说一说。

秘密之一，从“固定靶”到“移动靶”。

小学阶段的绝大多数考试，属于典型的阶段性考试，难度不大，范围更是明确得不能再明确，老师带着学生反复练习，考试时无非就是把最近一段时间里已经完全熟练掌握的内容再在试卷上写一遍而已。

就好像打靶，固定了靶位，反复瞄准，甚至是老师帮忙瞄准了，然后只等学生伸手扣一下扳机而已。打中了，很大程度上并不是学生真实能力的体现，只是任务相对简单明确而已。而初一开始的这个摸底考试则有些不同，不是考查某个阶段的内容，而是整体考查小学六年所学内容，范围扩大，靶位没有那么明确，于是“脱靶”的现象就频繁而且大面积地出现了。

从“打固定靶”到“打移动靶”这个变化，在一定程度上也可以解释为什么语数外三科中，偏偏语文“跳水”幅度最大。因为比较而言，语文涉及的知识点和能力点更为散乱、复杂，而数学则在知识点和能力点上环环相扣，只要真正学会，短时间内不大容易完全忘却。英语虽然也是语言，但所学内容和母语相比，在难度和范围上要小得多。

秘密之二，同分不同质。

上一个秘密中谈到的小学阶段考试的特点，使得有一部分学生平时并不扎扎实实学习、认认真真听课，到快要考试时临时抱佛脚，把考试的相关内容临阵磨枪突击一下，依然能够取得不错的成绩。

但是，不得不说，这个成绩存在相当大的水分，并不能证明学生真正熟练掌握了某个知识点或者具备了某种能力，而只是考试范围有限、学生临时突击的结果。初一摸底考试，在相当程度上是把原来的这部分“水分”挤出来了，可以说不是发挥失常，而是“原形毕露”。

与这样一部分临阵磨枪的学生形成对比，也有另外一部分学生平时扎扎实实学习、认认真真听课，关键是老师要求做的考试之外的大量阅读与背诵等拓展练习，他都能够不打折扣地做好。这样一些学生在小学阶段成绩也很不错，但因为每次考试中大多数学生都分数极高甚至满分，所以很难显示出他们的优势来。

不过，这两类学生是典型的“同分不同质”，一旦考试的范围扩展开来，无法临时应对，两类学生的真实能力就完全暴露出来了，好的越好，差的越差。平时扎扎实实做好大量阅读与背诵等拓展练习的同学的优势这时就展现出来了。这也清楚地说明了为什么在摸底考试中不是所有学生的成绩都大幅下降，而其中一部分学生没有下降或者只是微降。

揭晓了这两个秘密，相信大多数人心中关于初一成绩“大跳水”的疑惑就解除了。但是，解除了疑惑并没有真正解决问题，因为大多数人还是会焦虑该怎么办的问题。

关于怎么办的问题，我提两点意见供大家参考。

第一，要明确长远目标。

要想做成一件大事，当然要有短期目标、中期目标、长期目标的规划，学习也是如此。因为各种小考不断，很多学生甚至老师缺乏对长远目标的明确规划，看似很努力，但是为了每次小考不断调整步伐，最终不但乱了脚步，而且忘记了为什么出发、目标在哪里。

中考不是考查初三的内容，也不是初中三年的内容，而是从小学到初中九年的内容。同样，高考也不是考查高三学习的内容，而是考查从小学到高中十二年学习的内容。如果还指望着到初三、高三临时抱佛脚，则问题会多到令人绝望的程度。

具体到语文学习而言，要明确中考、高考乃至将来的漫长人生中，哪些是必备的基本能力，应该在长远规划中占有一席之地，比如阅读、写作。

第二，要落实日积月累。

这个“日积月累”要建立在明确长远目标的基础上，而不是盲目地努力、盲目地拼命，更不是带着极强的功利心去学习，临时抱佛脚，纠结于每一次小考的分数，然后又“狗熊掰棒子——掰一穗丢一穗”，最终收获极少。不但应该做到“日知其所亡”，而且要做到“月无忘其所能”，踏踏实实地增长本领，然后才能在将来的考试或者在日常运用中做到游刃有余。

要想做到“日知其所亡”，而且“月无忘其所能”，就要在日常的学习过程中，通过反复实践深入体会什么是“学而时习之”，什么是“温故而知新”，将这些经典中所讲的关于学习的道理和智慧，与自身的学习实践紧密结合，这样才能做到扎实而且高效。

具体到语文学习，平时注意做好“记忆存折”，将最有价值的内容通过熟读成诵的方式，存储在头脑中，需要的时候就可以自由提取。平时注意做好常见字词的音形义的“诊断书”，既知其然又知其所以然；做好阅读积累，通过阅读大量的高质量作品提高自己的认识和思维水平；做好写作的实践，调动阅读的积累，并结合日常的观察与思考，写出高质量的文章。以上诸例都是落实日积月累的好办法。

“凡事预则立，不预则废。”为了避免反复掉进同一个坑里，就要从初一摸底考试中真正吸取教训，做到吃一堑长一智。要想不再陷入吃惊、疑惑、焦虑的恶性循环状态，从学生到家长，都应该有意识地重新梳理关于学习的一些基本常识，不要因为相信那些所谓的终南捷径而采用治标不治本的办法，应该从解决根本问题入手，扎扎实实完成学习任务，将来便可以“任凭风浪起，稳坐钓鱼台”。

PART 2

第二章

回到常识

说起教育，牵扯的问题千头万绪，有一些是非常专业的事情，非专门的教育工作者所不能懂；但也有一些是常识，不是教育工作者也该懂。不过，在功利主义盛行的今天，这些常识正在被忽视、被遮蔽，不但普通大众不懂这些常识，而且专门做教育的人也常常遗忘这些常识。今天，教育的当务之急是回归常识。

不但孩子需要学习，家长更需要学习；教育是要将人培养成人，而不是将人培养成机器；学习是学生自己的事情，而不能由老师或者家长包办代替；家长要在有限的范围内帮助孩子，而不能把手伸得过长；学校要有相应的学业指导标准，但这一标准不宜树立得过高；引导学生对所学的内容充满热爱，充满想象力，充满兴趣，这远比教给他们知识和技能更为重要，等等。这些都应该成为教育的常识。

为什么这些教育的常识会被遮蔽、被忽视？那是因为我们在教育中过度求快、一味求快。在教育中做加法不难，难在做减法。

常识一：父母比孩子更需要学习

现在，找个有经验的月嫂，是很多刚刚有了孩子的家庭的标配。月嫂的工资甚至比当地的很多白领都要高。初为父母的人，找月嫂时，一定会问："有育婴师资格证吗？是高级育婴师吗？"国家人力资源和社会保障部颁发的这个资格证被当成了月嫂执业能力的一种很重要的证明。

当父母询问月嫂是否有资格证时，是否意识到自己实际上是"无证上岗"呢？人社部没有要求父母持证上岗，只有卫计委颁发的准生证。但准生证只证明将要为人父母者有生孩子的资格，而一个孩子，除了生，还要养，还要育。对于养育孩子，我们很多人，包括我自己在内，在某种程度上是缺乏必要准备的。

虽然没有什么部门颁发父母资格证，我们的孩子也无从选择自己的父母，但为人父母者需要不断学习，才能具备为人父母的能力。

不妨举几个例子：

《北京小学学区房 25 万一平仍抢手，地下室每平超 12 万》，这是近期一则新闻的标题，摘录部分内容如下：

每平方米25万元，是最近北京市金融街区域一套房屋出售的单价。2月下旬的一天，一位买家正准备以1000万元买走39平方米的1室1厅。5小时后，这套房子被另一位出价1200万的买家熊爸拿下。让自己的孩子就读宏庙小学，是熊爸购买北京丰汇园小区房屋的目的。这是一所在北京市排名前列的小学，其划片小区的价格在二手房市中也水涨船高。

学区房疯狂的背后，是择校的疯狂。有一句话说“再穷不能穷了教育，再苦不能苦了孩子”，这一点在我们的家长身上体现得淋漓尽致，从多如牛毛的天价学区房新闻就可见一斑。买不起学区房的家长，也要想尽一切办法，尽自己所能，砸锅卖铁也要让孩子上好学校。

这一现象背后当然有国家优质教育资源严重不足的问题，但也不可否认，我们对教育的认知也有相当大的偏差。很多家长觉得把孩子送到一个好学校，就进了“保险箱”了，就可以高枕无忧了。但事实上，即使上同一所好学校，不同学生的分数依然相差甚远，并不是个个优秀。这是什么原因呢？除了个人的天赋因素之外，家庭教育是非常重要的因素。我们当老师的常说一句话：“孩子就是家长的一面镜子，看到了孩子就看到了家长，看到了家长也就看到了孩子。”

有一些东西，不是用钱能买来的，无论花多少钱都不行。

当老师久了，经常遇到一些家长，问几乎相同的问题："老师，我们家孩子不喜欢读书怎么办？"我年轻的时候，还会帮忙想想办法、出出主意、支支招。但当老师既久，有了一定资历之后，我就不太客气了，就常有这样一些对话——

"老师，我们家孩子不爱读书怎么办？"

"我问您一个问题：您自己读书吗？"

"工作比较忙，只能偶尔读读。"

"那您能告诉我一年大约读几本书吗？"

"应该有七八本吧。"

"您给我说说您最近读了什么书，有什么感受吧。"

"这……最近太忙，没读书……"

步步紧逼的结果就是让家长意识到自己并没有读书。最后我会告诉他，读书和感冒一样，只有自己得了重感冒，才有可能传染给别人。如果家里经常麻将声声、电视剧不断或者觥筹交错，怎么可能让你自己的孩子爱上读书呢？从言传身教这个意义上来说，我们的家长需要学习。

"老师，我们家孩子这次语文考了90分，您看怎么能再提高5分呢？"

"我觉得您家孩子的关键点不在提高成绩上。他心理年龄比较小，而且，相对来说，也比较自私，心里没有他人，应该在这方面多重视。"

"老师，我就想知道怎么能提高分数，这方面的问题咱们不谈。"

"不，这些问题密切相关，看起来是分数的问题，但实际上是其他更深层次的问题，仅仅治标而不治本是不行的。”

“我不觉得他这方面有问题，我就是想知道怎么提高分数。”

“要那么高的分数干吗？”

“没这个分他就考不上本校的高中啊！”

“为什么非要考上本校高中呢？”

“上了本校高中，就进了‘保险箱’了，将来一定可以考一个重点大学啊。我想让我们家孩子上清华北大。”

“上了大学您就觉得完成任务了吧？”

“那还不行，现在竞争多激烈啊，将来怎么也还要读研究生、读博士吧。等找到了好工作，我就放心了。”

谈话的结果是不欢而散。我们很多家长就是要盯着眼前的分数，理由似乎很充分：没有好分数，就不能上好高中；上不了好高中，就上不了好大学；上不了好大学，就找不到好工作，这是一系列的连锁反应。但如果我追问：您希望您的孩子成为一个什么样的人？对于这个问题，您有深入细致的思考吗？可以肯定地说，百分之九十的家长都没有。结果是教育不断往所谓的高线去追，有时高线没有达到，反而击穿了底线。从明白教育的根本目的这个意义上来说，我们的家长需要学习。

“老师，我觉得某某老师特别好，特别负责任。”

“何以见得？”

“您看，他教的班级成绩比别的班高一大截。他每天都布置非常多的作业，学生做不完就严厉批评。他甚至把我们家孩子留下来，自己也不吃晚饭，非要让孩子把作业完成才行。就这样，我家孩子的成绩提高了一大截。”

“哦。”

“另外一个学科的某某老师就不负责任，上课讲完了就完了，很少留作业，或者就是一些非强制性的作业，我们家孩子根本不做。害得我要花钱在外面给他报很多课外班，才能让他的这个科目有个好成绩。”

“哦。您孩子有几个课外班啊？”

“差不多每天都有，我这一个月的工资都不够给他报课外班的。”

“那他每天什么时候完成作业呢？”

“晚上八九点回家接着写作业啊。光完成某某老师（家长眼中的负责任的那位老师）的作业就要两个小时以上，晚上经常要到12点以后才睡。”

“您孩子体力真可以。不过，我可得提醒您，我注意到您孩子在课堂上经常走神，有时打着盹就睡着了。”

我们很多家长觉得老师布置的作业越多越负责任，不布置作业或者少布置作业就是不负责任。他们没有意识到自己的孩子不是机器，不是插上电就运行，即便是机器，也要时常保养一下才行。孩子成了做题机器，对求知毫无兴趣，如果不是强制灌输，就对任何事情都摆出一副“和我半毛钱关系都没有”的冷漠脸，这样的教育显然不是真正的对孩子负责任。从最基本的如何高效学习、如何保持孩子的求知欲这个意义上来说，我们的家长也是需要学习的。

这里不再更多举例子了，因为这样的问题实在太多太多了。

莫说举几个，就是举几十几百甚至上千个，也不可能穷尽。

我们的家长一定要知道，不是生了孩子就会养的，也不是把孩子养大了就行了，还要有一个“教育”的问题。所以，虽然父母不需要“持证上岗”，但是为了不辜负我们的孩子，依然要不断学习。

常识二：好的教育，都有边界感

根据文段内容，对下面两个画线病句的修改都正确的一项是：

在学校开展戏剧学习、戏剧实践的过程中，①很多家长努力为孩子争取上台演出。他们希望孩子变得更加开朗、更加自信，②语言表达能力和表演水平得到改善。看来，家长们都非常注重对孩子综合素质的培养。

A. ①句应在“演出”之后加上“的机会”
②句应将“改善”改为“提高”

B. ①句应在“家长”之前加上“学生”
②句应将“改善”改为“改变”

C. ①句应在“演出”之后加上“的机会”
②句应将“改善”改为“改变”

D. ①句应在“家长”之前加上“学生”
②句应将“改善”改为“提高”

这是北京市2012年语文中考的一道病句题，正确答案是A选项。但在我看来，即使把缺少宾语和主谓搭配不当的问题修改过来，这段文字的表达仍旧有问题，不知道诸位读者是否看出来了。

这段话的问题不在于语病，也不在于错别字，而是教育观念问题。我在当年做试题分析的过程中，曾经就这道题写下了这样一段话：

但从内容而言，却有必要适当检讨一下。戏剧学习、戏剧实践是学校的活动，却变成了“家长为孩子努力争取”，而不是“孩子自己争取”，这正是我们教育中的一大问题。而我们在这个语料中默认这种做法的正确性，并且给这种做法张本，将其归因为“家长们都非常注重对孩子综合素质的培养”，显然有不当之处。

因为是试题分析，所以我并没有过多展开谈教育观念方面的问题。几年后回过头来看，这种家长过度参与学生在学校活动的情形，非但没有减少，反而有愈演愈烈之势，尤其在城市基础教育中的“名校”更是如此。

这种家长过度参与的情况，从低年级学生制作各种小报就开始了，很多家长全程参与，甚至是代劳，目的是让孩子在小报的评比中取得一个好成绩。到中高年级的各种文体活动更是如此，戏剧节请来专业的导演排练，合唱节请来专业的指挥助阵……不但在人力上要动用家长的资源，在物力上更是一掷千金，租借甚至购买专业的服装道具，目的无非是让自己的孩子在活动中占据有利位置，或者让孩子所在的班级在评比中取得好成绩。

很多学生为自己班级的家长资源丰富、在活动中占尽优势而扬扬自得，也有很多学生为自己班级的家长资源不足、在活动评比中处在下风而抱怨不已。无论是家长、老师还是学生，对家长过度参与学生在校活动的现象都已经司空见惯、见怪不怪了，但对这其中可能存在的问题却缺乏最基本的思考。

我们的学生在学校参与各种活动的目的是什么？是真正为了自身的成长，还是为了在各种活动的评比中取得一个好成绩？我们比拼的是学生，还是家长？另一种形式的“拼爹”对于孩子的成长是否真的有好处？

家长对学校活动的“深度参与”，不仅仅表现在各种文体活动上，也开始入侵到学生的学业中来。

2017 年有一件事：某小学的“苏轼大数据研究”在朋友圈中刷屏了。应该说，绝大多数的朋友和我一样，看到那样的研究都很“震惊”。那种研究的深度，绝大多数高中生都达不到，甚至不夸张地说，很多本科生的论文也到不了这个水平。

《大数据帮你进一步认识苏轼》这篇研究文章，不但把苏轼所有的诗歌梳理了一遍，还通过大数据分析，得出各种关键词，把这些关键词和苏轼生平中的起起落落联系在一起。作者所查找的材料不但有各种版本的苏轼诗词全集，还有《东坡先生编年诗》〔五十卷，清乾隆二十六年（1761 年）海宁查氏香雨斋刻本〕和《苏轼词编年校注》（中华书局“中国古典文学基本丛书”，邹同庆、王宗堂著）这样的极为专业的书籍，而且前者居然是哈佛线上图书馆的竹纸线装扫描书。

这样的研究真让我惭愧不已，作为中文系本科毕业生，苏轼的 3458 首诗词我至多也就会背诵几十首而已，文中提到的绝大多数参考书籍我都没有读过。估计在央视《百家讲坛》讲苏轼的康震教授应该对这些书比较熟悉，并且通篇精读过吧。

我不但惭愧，而且真的没有一点自信。就我这样的水平，怎么能够站在一个重点中学的讲台上当语文老师呢？岂不是误人子弟！

但看了另外一篇名为《苏轼与王安石、欧阳修的对比》的文章，我的自信心又回来一点了。在这篇文章中，小作者对比了三位名家的若干首诗歌，把这些诗歌和他们的生活经历联系在一起，其中的分析显得还比较稚嫩，而且有相当一部分词句明显是从网络或者书籍中摘录的结果。

比如，在分析“多情应笑我，早生华发，人间如梦，一樽还酹江月”这句词的时候，文中除了沿袭成说，分析这句是倒装句之外，还说“此句感慨身世，言生命短促，人生无常，深切、沉痛地发出了年华虚掷的悲叹”。最后的结论是苏轼很悲痛，悲痛的原因是苏轼第一次被贬官。

“生命短促，人生无常”这样的词句，出现在一个小学生的文章中，怎么看都让人觉得有一点抹不去的魔幻色彩。但在这种笨拙的摘录和看似少年老成的语言背后，至少还能看到一个稚嫩的儿童的影子。

可前面一篇呢？连这种稚嫩的影子也几乎被“高大上”的研究方法掩盖了。同样是一个班级的学生，怎么他们之间的水平差距如此之大呢？学生之间有差距很正常，但差距大到如此程度，就不那么正常了。以我这么多年教书的经验推测，他们的差距可能就是一个“会大数据的家长”。

这个“会大数据的家长”在大数据分析上很专业，在教育上却不怎么专业。其“深度参与”在相当程度上代替了孩子的自我发现和自我成长，很可能让孩子产生虚幻的不切实际的自我定位，眼高手低，把旁人的思考当成自己的成果。

当然，这也不能完全怪这位家长。因为这样的活动，要“晒”到全校学生面前，甚至要通过公众号让更多人知晓。有了这样那样的比较，难免让人产生超越的冲动。这种超越的冲动让人很难理性思考，而不能清楚地思考孩子的成长规律，就不能平衡现在与未来，更看不清得与失。

家长是这样身不由己，学校也有难言的苦衷。学校总要晒出一些与众不同的成果来，才具备傲视群雄的资本，才能在各种校际评比中超越群伦，由此获得大量积聚各种资源的能力。于是学校把标杆树得高高的，用最优代替了一般，用典范代替了全体。在这种追求卓越的冲动中，越来越偏离基础教育应有的轨道。

现实的教育是：家长“揠苗”，老师点赞；老师“揠苗”，家长叫好。

这种超越儿童年龄的揠苗助长，有我们传统文化的影响。在这种影响下，人们总觉得要让儿童少年老成，或者少年就能成就一番伟业，那才能光宗耀祖，才能青史留名，那才是教育的成功，那才是完美的人生。

但须知，人生的各个阶段无法超越。“子曰：‘吾十有五而志于学，三十而立，四十而不惑，五十而知天命，六十而耳顺，七十而从心所欲不逾矩。'”我们不要试图超越某个阶段，在还应该“志于学”的年龄就想着“不惑”甚至“从心所欲不逾矩”，那样的人生并不像我们想象中完美。

教育过程中的揠苗助长，短期看成就斐然，长期看却是造成儿童“未老先衰”的罪魁祸首。

让儿童在什么阶段就做什么样的事，这才是真正的教育。为了儿童的健康成长，为了我们国家和民族的未来，请家长不要把自己的手伸得太长，也请学校不要把杆树得太高。

常识三：孩子才是学习的第一责任人

“你给我做完这 10 页数学口算题，做不完不准睡觉。”

“你给我把每个出错的词语抄三遍，抄不完不准吃饭。”

“你给我好好把这个曲子弹五遍，弹不好不准出去玩。”

姑且不论不准睡觉、不准吃饭、不准出去玩是不是对的，单是关注一下大家都太不关注而且习以为常的用词——“给我”，我以为就有很大的问题。

家长在说“给我”的时候，会怎么理解这个“给我”？可能很多人觉得“给我”就是我要求你，你必须这样做。但孩子也会像家长这样理解吗？很可能不是。他们理解的“给我”之“给”，就是“为”，就是“替”，“给我”就变成了“为我”，变成了“替我”。

当这一切学习任务都以“给我”这样的表达方式下达的时候，天长日久，孩子自然会觉得学习不是自己的事情，而是别人的事情，我不是为我自己学，而是为我爸我妈学，是为了老师学。

君不见，孩子中间流行这样一句话：“我爱学习，学习使我妈快乐。我妈快乐，全家快乐。”

这样的流行语传递出来的背后的心态，很值得玩味。如果学习完全不是为了自己，而纯粹是为了别人，有多少人能够真正“利他”而不是“利己”地做这件事呢？恐怕成年人都没几个能做到吧，更不用说孩子了。

孩子在这样的“给我”的要求下长大，结果会怎样呢？最常见的无非就是孩子在学习上“等、靠、要”，要家长和老师“背着、抱着”甚至“拉着、打着”才能动一动，完全没有学习的积极性和主动性。

长期来看，“给我”可能造成两个极端后果。

一个极端后果是，孩子随着年龄的增长以及独立意识和独立能力的增强，越来越激烈地反抗，你要“给我”我却偏不“给你”，亲子关系或者师生关系极度紧张。

另外一个极端后果则是“妈宝男”，因为一直都是在“给我”的要求下长大的，都是别人要求什么就干什么，从小到大都没有主见。教育是要使人成为人，成为独立自主的人。如果教育把孩子变成了完全没有自主能力的依附者，那实在是一件非常可悲的事情。

我自接触学生伊始，从来不一上来就开始讲课文、讲知识，而是先明确最核心最重要的问题，那就是“学习是学生自己的事情”，不要把学习当成家长或老师的事情。然后接下来的两三年，就是要从始至终地坚决贯彻这个基本原则。

最初的“斗争”是非常艰苦的，毕竟依赖性一旦养成，很难摆脱。不过，随着时间的流逝，经过若干次考试之后，学生发现老师真的不会像以往那样“盯着”“揪着”他们的时候，他们也就知道了应该是自己为自己负责的时候了。

初中伊始我就告诉学生，学习是你们自己的事，和我的关系不大，我不会因为你们成绩好，就自我标榜是个好老师，我不借你们的成绩出名。因此，我也就不会强制你们去学习。

另一方面，我也绝不因为你们成绩不好，就不认为我是一个好老师，因为一个好老师的标准有很多，绝不仅仅是学生有好成绩就是好老师。你们学习，既不是为家长学，也不是为老师学，而是要时刻记住，你们是在为自己学。

在“没有教不会的学生，只有不会教的老师”这样的教育论调盛行的情况之下，老师特别强调“学习是学生自己的事”，很容易被误解和诟病，被扣上不负责任的“大帽子”。

但这样的“扣帽子”行为，和并没有深刻理解“没有教不会的学生，只有不会教的老师”这句话的背景和理论支撑就将其奉为圭臬，并无本质的不同。

我给学生谈正确的师生关系是怎样的，引用苏轼的《琴诗》为切入：“若言琴上有琴声，放在匣中何不鸣？若言声在指头上，何不于君指上听？”

正确的师生关系不是只强调任何一方的作用，而必须是师生互为“琴”“指”。有时候，老师是手指，学生是琴弦，琴弦要靠手指的拨动才能弹奏出美妙的乐音；但也有很多时候，老师是琴弦，学生是手指，学生也需要主动拨动琴弦，才能推动教师的教学的进步，正所谓教学相长。

正如《礼记·学记》所云：“虽有佳肴，弗食，不知其旨也；

虽有至道，弗学，不知其善也。是故学然后知不足，教然后知困。知不足，然后能自反也。知困，然后能自强也。故曰：教学相长也。”

《学记》中又说：“善学者，师逸而功倍，又从而庸之。不善学者，师勤而功半，又从而怨之。善问者如攻坚木，先其易者，后其节目，及其久也，相说以解。不善问者反此。善待问者如撞钟，叩之以小者则小鸣，叩之以大者则大鸣，待其从容，然后尽其声。不善答问者反此。此皆进学之道也。”

学生的每一点进步，虽然离不开老师的指导，但更重要的是自己的努力。我希望我的学生成为“善学者”“善问者”，而我作为老师，则只是努力做一个“善待问者”就好了，而不是每一天都和债主催债一样，催逼着学生。那样，学生就永远也不可能成为一个独立自主的个体。

子曰：“有教无类。”我们常常把这句话也当作要求老师成为“无限责任公司”的理由。但我以为这句话的关键词不是“无类”，而是“教”。

子曰：“自行束脩以上，吾未尝无诲焉。”这句话常被当作“收学费”甚至是“收受礼品”的最早证据。但我以为这句话的关键词不是“束脩”，而是“自行”。在我的理解中，“自行”是主动之意，这个主动不是老师的主动，也不是家长的主动，而是学生自己的主动。由此“教”也就不能单纯理解为“受教育”，而应该是“求教”。

我们有必要把现实中的不正常的师生关系转变过来，不应该是老师求着学生学、逼着学生学，而应该是学生主动向老师求教。

有些学生缺乏正确的学习观念，总觉得我学习是为家长学、是为老师学，你们应该求着我学，不求着我学我就不好好学，给你们难堪。每当这个时候，我就给学生讲《论语》中的一则故事：

叔孙武叔毁仲尼。子贡曰；“无以为也！仲尼不可毁也。他人之贤者，丘陵也，犹可逾也；仲尼，日月也，无得而逾焉。人虽欲自绝，其何伤于日月乎？多见其不知量也。”

我要向学生强调的，正是“人虽欲自绝，其何伤于日月乎？多见其不知量也”。不要以为你不想学习会伤害到谁，谁也伤害不到，这就和人要自绝于真理并不会伤害到太阳和月亮是一个道理，只是证明了你的不自量力罢了，而这种不自量力，最终伤害的只能是你自己。

还有些学生特别懒惰，总是以“等着老师启发”为名行懒惰之实。这时候我就会给他们讲“不愤不启，不悱不发，举一隅不以三隅反，则不复也”。

“启发”的前提是“愤悱”，如果学生达不到“愤悱”的状态，没有“心求通而未得，口欲言而未能”，那老师无论怎么启发都不可能见效，无异于对牛弹琴。

举一反三能力的获得，需要学生自动自觉地去学习，这样才能够实现知识和能力的迁移，否则不可能举一反三。

帮助学生树立“学习是自己的事”的观念，说起来很容易，但做起来真难。因为很多学生已经习惯于被老师或家长推着走、牵着走，甚至是“抱着走”。但当我一旦打定主意，要做这样的事情的时候，就是要“虽千万人吾往矣”了。

于是就有了初一、初二学生成绩的惨不忍睹，随之而来的就是一系列的与现实的冲撞，但“敌军围困万千重，我自岿然不动”。

在和学生博弈的过程中，我最终占了上风。他们渐渐发现，如果自己不努力，老师是真不着急，于是，慢慢地大多数学生知道该自己努力了，他们不再像原来那样“等、靠、要”，老师要求我做什么我就做点什么，老师不强制要求就拖延着不做。我深信，这种“学习是自己的事”的观念的树立，会让他们受益终生。

好的教育，不是要让孩子一点儿磕碰、一点儿挫折都没有，那样孩子永远也长不大。磕碰、挫折、栽跟头，在学生时代都是再正常不过的事，通过这些经历，他们才能养成为自己负责的态度，才会有为自己负责的能力，这不正是负责任的教育者最应该做的事情吗？

朱熹说：“书不记，熟读可记；义不精，细思可精。唯有志不立，直是无著力处。”技术性的东西，都很容易学会，但是正确观念的树立，却不是可以一蹴而就的事情，需要长期坚持。一个人的“志”可以有很多，但其中的一个，一定是“学习是自己的事情”，自己要为自己负责。

回到开头，如果教育中不用“给我”，那该怎么说呢？其实很简单，有意识地去掉“给我”，直接告诉孩子应该完成什么就行了。说不说“给我”看似小事，但细细琢磨，背后隐藏着教育的大问题，所以，真的不可不慎。

常识四：宽为限，紧用功，工夫到，滞塞通

学生在学习过程中，如果完全没有功利心，完全没有目标，顺其自然，学到哪里算哪里，很可能导致拖拖沓沓、缺乏效率。功利心可以有，但要适度。

学习好的秘诀是“宽为限，紧用功，工夫到，滞塞通”。“宽为限”不是没有“限”，不是没有目标，只是这个目标要放得更长远，而不是放在眼前。长远的目标也是一种功利心，但这个功利心是适度的。为了实现这个长远的目标，依然要“紧用功”。只有时间和精力都用到了，才有茅塞顿开的那一天。

但如果不是“宽为限”，而是“窄为限”，死盯着眼前的一点点小目标，就会造成学习过程中的过度功利化，就会变成“考什么学什么”，不考的就不学。须知，考试范围是不断变动的，如果以“考什么学什么”这样的功利化思路来对待学习，就会随着考试范围的变动而经常焦虑不已、手足无措。

举一个小例子：

前些年北京市中考语文在词语考查上一直有一个明确的词语

表，其中包含800个两字词语、200个四字词语，考试中的字词音形义考查就在这词语表规定的范围之内。虽然这个词语表每年都有调整，但只是微调，最多不过几十个而已。

于是，很多学校在学生初一入学伊始，就在语文课上狠抓这1000个词的落实。最终全北京市考生中考拼音题得分率在0.98以上，这意味着100个考生中，只有一两个出错。考生和学校似乎都在这种功利化的学习中获得了莫大的好处。

但近些年以来，词语表被取消了，只明确3500个常用字是考查范围。须知，这3500个常用字有很多是多音字，同时可以组成数量近乎无穷的词语。面对这样的情况，考生的拼音题得分状况如何呢？且看2016年的一道拼音题。

5（1）文中加点字的注音全都正确的一项是（2分）

A. 生肖（xiāo）　　　　记载（zǎi）

B. 生肖（xiào）　　　　记载（zǎi）

C. 生肖（xiāo）　　　　记载（zài）

根据最终的考试数据统计，北京市考生在这道题上得分率不到0.5！什么原因导致了同样是拼音题，得分率却如此天差地别？考试范围明显扩大导致考生应付不及当然是一个原因，但另外一个原因也不容忽视，那就是学习过程中的功利化。考什么就学什么，不考就不学，结果，不明确考什么，就彻底不学，没范围了就“抓瞎”！

再举一个例子。前些年北京市中考文言文也有比较明确的范围规定，总数有二十几篇，且有明确指定的篇目。于是，很多学校和学生从初一开始，就拼命练习与考试相关的这二十几篇文言文，对于其他的哪怕是在课本中出现的文言文，也只是简略地学甚至不学。这样训练的结果是：每一年的文言词语解释题，考生平均得分率在 0.9 以上，因为要考的东西学生都经过反反复复的训练而牢记于心。考生和学校似乎都在这种功利化的学习中获得了莫大的好处。

但近几年来，北京市中考的文言文考试范围逐步扩大，不仅考课内的，也考课外的。面对这样的变化，考生在文言文考题得分方面又表现如何呢？

2016 年北京市中考的文言文考题虽然是一篇课内文章，但文言词语解释的得分率却下降到了 0.5 多一点。课内文言命题难度并没有明显提升，但为什么和前几年相比，得分率会大幅下降？除了有考试范围扩展带来的影响，依然不能排除功利化学习带来的影响。因为缺乏“抓手”，功利化学习使不上劲，分数自然也就下来了。

有范围的考试是“固定靶”，尤其是考试范围明显偏小的情况下，很容易导致机械练习这种功利化的应试方式的盛行。而无固定范围或者范围扩大到不易把握的考试，则是“移动靶”，必须有真本领才能应对。

要想在“移动靶”的考试中取得好成绩，一方面要减少学习过程中的功利心，另一方面要学会如何将知识迁移。本文主要讲前者，即如何减少学习过程中的功利心的问题。我认为这个问题太重要了，要年年讲，月月讲，甚至天天讲。

第一，要告诉学生或孩子，要把工夫用在平时。

比如，我在期末考试之前，看到学生上课不听讲，急急忙忙复习某一学科的时候，就知道那个学科可能当天下午或者明天就要考试了，这时候我会给他们讲一个故事。

这个故事是我从许地山的《扶箕迷信的研究》一书中看来的，很有意思。在需要的时候，我常常把这个故事讲给学生听。

从前有几个秀才，平时不踏踏实实学习。要考试了，他们想知道明天考什么，还想知道自己会考得怎么样。于是，他们开始请笔仙或者碟仙。他们斋戒沐浴，请了神仙来。问是哪路神仙，结果，神仙说"我是赵酒鬼"。这些秀才非常生气，大骂说："我们要请的是吕祖师，而不是什么酒鬼。抓紧滚蛋，再不滚蛋，杀了你。"过了一会儿，没动静了，赵酒鬼消失了。

秀才们重新斋戒沐浴，再来一次，这回真的请来了吕洞宾。吕祖师问他们要干什么，他们说想知道明天的考试题，还想知道明天考试会考得怎么样。于是，吕祖师就对他们说："想知道可以，但要按我说的做。"这些秀才们啄米似的连连点头答应。

"你们先磨墨，越多越好。"很快，墨磨完了。"把墨放到大碗里。"于是，秀才们把墨放到大碗里。"每个大碗都加满水。"于是，秀才们往大碗里加满了水。"现在，你们每个人端起碗，把这一大碗墨水都喝光。"于是，秀才们端起大碗，咚咚咚咚，把一大碗墨水都喝光了。

这时候，秀才们请来的神仙写下了这样一首诗："平时不读书，临时吃墨水。吾非吕祖师，依然赵酒鬼！"

学生们听完了这个故事，有一部分脑子转得快的，哈哈大笑起来。接下来，老师再稍稍一解释，更多的学生也哈哈大笑起来。就在这样的大笑声中，他们明白了临时抱佛脚、临阵磨枪是不行的。

第二，要告诉学生或孩子，为了真有收获去学习。

对于分数的疯狂追求不是学生与生俱来的，而是后天熏染的结果。所谓"吴王好剑客，百姓多创瘢；楚王好细腰，宫中多饿死"。家长和老师如果不特别追求分数，学生也就不会过度关注分数。"六十分万岁"固然不好，但非要满分不可，也是病态心理。

我和很多老师或家长的要求不一样。我常常对学生说，平时的考试，包括期中、期末考试，只要不是中高考，那都不是分数越高越好，得到 80 多分就足矣。

我最初这样说，学生会觉得很惊异。事实上，很多老师和家长也会对我这样的要求表现得很惊异，甚至觉得这个老师对学生的要求太低，不负责任。诸位读者别着急扣帽子，听我把道理慢慢道来。

比如，某一次考试，如果不复习，我可以得到 70 分。为了达到 80 分，就需要认真准备一下。于是，我花 5 个小时，达到 80 分的水平。但如果我对 80 分仍旧不满足，希望再提高 10 分，达到 90 分，这时候，虽然都是 10 分的差异，我再花费 5 个小时，就能够达到目标吗？恐怕不行，我可能要多花一倍的时间，要花 10 个小时才能达到这一目标。如果我还是不满足，希望拿到 100 分，虽然依然是 10 分的分差，但我就是再花 50 个小时，使出吃奶的力气来，也不一定能达到。

这个道理很简单，说出来人人都能懂。但是，对分数的疯狂追求，迷住了我们的双眼，更迷住了我们的心灵。功利化的心态使我们只看眼前，只追求高分，似乎只要得到高分就证明我们每一步都达到了很高的水平。殊不知，这个很高的水平是靠大量的机械训练获得的，并不是真正的理解。而这大量的机械训练，既花费了高昂的时间成本，又伤害了学生的学习兴趣，真真是得不偿失。

不妨引用朱熹的《观书有感·其二》一诗来说明这个问题。

昨夜江边春水生，艨艟巨舰一毛轻。
向来枉费推移力，此日中流自在行。

读书学习也是如此。不断地积累，从量变到质变，这个过程是自然而然发生的。如果我们能力达到了，原来可能需要 5 个小时解决的那 10 分所涉及的问题，可能 5 分钟就解决了。不但解决了问题，之前那些更多的扩展，也为我们今后进一步发展打下了最为坚实的基础。

这首诗所讲的道理，实际上就是“宽为限，紧用功，工夫到，滞塞通”的形象化版本。事实上，关于如何读书，古人讲过很多特别深刻的道理。可惜，很多老师和家长不关注这些道理，只是一味地要求学生拿高分。在对分数的无休止的狂热追求这一点上，学校和家庭形成一种共谋。打着为了孩子的旗号，实际上干的却是伤害孩子的事。

第三，要告诉孩子，凡有所学，皆成性格。

英国哲学家培根说："读史使人明智，读诗使人灵秀，数学使人周密，科学使人深刻，伦理学使人庄重，逻辑修辞之学使人善辩。凡有所学，皆成性格。"

如果说"凡有所学，皆成性格"这句话不好理解，那我不妨换一个说法："凡有所学，皆有所用。"只不过这个"所用"，不是现学现用，而可能是现在学，很久以后才用到。

从考试中举个例子：

某一年我在区里命题，依然是说明文，我选择了一篇讲解"昆虫的拟态"知识的文章。我做了一个链接材料，是一种萤火虫模拟另外一种萤火虫猎取食物，然后问这种萤火虫的行为属于文中所说的哪一种拟态类型。

命题过程中，有人提出萤火虫这个例子不好，因为很多孩子尤其是北方城市里的孩子不熟悉萤火虫，应该找一个他们更为熟悉的例子。过了几天，有人找到了一个一种蜘蛛模拟另外一种蜘蛛猎取食物的例子，很多人都觉得这个特别好，因为蜘蛛是学生特别熟悉的一种动物。

但我马上指出，绝对不能用这个例子，如果用了这个例子，那我们就自己打了自己的脸，会让人笑掉大牙的。

为什么？

因为蜘蛛不是昆虫，我们讲的是“昆虫的拟态”，而不是其他动物的拟态。所以，所举例子必须是昆虫，而蜘蛛不是昆虫。当时很多人都很惊讶：蜘蛛不是昆虫？！那蜘蛛是什么动物？我说，我依稀记得蜘蛛属于节肢动物门，但节肢动物门又分出许多门类，蜘蛛应该不属于昆虫。

后来，我又上网查具体资料，发现蜘蛛果然不属于昆虫，而是隶属于节肢动物门的蛛形纲，而蛛形纲和昆虫纲是并列的。由此，避免了一次命题中的乌龙事件。

你如果问我，怎么知道蜘蛛不是昆虫？我也不知道。也许是初中的生物课上老师讲过，也许是看《动物世界》节目，也许是阅读法布尔的《昆虫记》。总之，我当时无论如何也不会想到二三十年后，我在命题过程中需要用到这个知识。但正是无意中的所学，在关键的时刻派上了大用场。

再举一个例子吧。

某年暑假，同事们一起去新加坡游玩。回来时在新加坡机场的免税店，我看到了治疗颈肩疼痛的虎标牌按摩药膏，就买了很多。试用之后，发现效果果然不错。我推荐给同事用，他们都追问我是从哪里买的，我说就在新加坡机场的免税店。他们都很奇怪：“我们也在那里逛了很久，怎么没看到这个东西？是有人之前告诉过你，让你帮忙买这个东西吗？”我说没有，我也是临时发现的。

但我进一步告诉他们，这个临时发现是有原因的。大约是初中或者小学的时候，我读过一本杂志，讲南洋的胡文虎家族生产的“虎标良药”很有名，就记住了，于是看到这个牌子的时候，很是惊喜，就买了很多。但我在读那本杂志的时候绝对不会想到，我几十年之后需要买虎标牌药膏来缓解颈肩疼痛。

第四，要告诉学生或孩子，找到相对的“少投入、多产出”的办法。

凡事需多动脑，只知道一味刷题的人，看起来很勤奋，实则懒惰。如今，有相当一部分学生是以身体的勤奋代替头脑的勤奋。这些同学看起来很努力，结果可能是高投入、高产出，但更可能是高投入、低产出。更为可怕的是，他们这样的做法，还常常得到老师或家长的认可甚至表扬。须知，这种以身体的勤奋代替头脑的勤奋的做法，只是虚假的勤奋，绝对不可取，也绝不可提倡。凡是能动脑的地方，千万别着急动手。有一些人看起来很勤奋，但这种勤奋只是在锻炼手部肌肉，本质上是非常懒惰的。那种拼命硬干、埋头苦干而不加思考的做法，非但不值得表扬，反而应该提出批评。

总之，在学习过程中，请减少一些功利心。上课认认真真来听讲，下课老老实实多读书。记住：凡有所学，皆有收获！

常识五：逆袭不是天上掉馅饼

每个学年的第二学期一开学，“逆袭”这个词在教育领域就特别火爆，尤其是在初高三年级。

校园外，很多辅导机构为了招生的需要，宣称自己掌握了短时间内大幅提高分数的秘籍，有能力帮助考生实现逆袭。

校园内，老师们也乐于给学生讲过去的案例，比如之前教过的某某学生如何在短短的两三个月中发愤图强，考入理想的学校。通过这类故事的讲述，老师在给学生打鸡血的同时，也来一番大大的“自鸡”。

但想逆袭就真的能逆袭吗？

恐怕不能！试想，如果每个人都能在短时间内实现逆袭，那还要长时间的努力干吗？

事实上，每个看似偶然的逆袭故事背后，都有着严密的逻辑。俗话说，天上不会掉馅饼。与其给学生讲这些偶然发生的逆袭故事，不如好好分析一下这逆袭的背后存在着怎样的必然。

逆袭，是有条件的，不是随便什么人想“逆”就能“逆”。我以为，要想实现逆袭，至少需要具备以下几个条件：

第一，宽厚的积累。

把“宽厚”这个词和“积累”连在一起，确实有一些别扭，但这是我有意为之。这个积累不是一般意义上的积累，必须要既宽且厚，也就是说既要有足够的广度，又要有相当的厚度才可以。

朱熹有诗云：“昨夜江边春水生，艨艟巨舰一毛轻。向来枉费推移力，此日中流自在行。”要想“艨艟巨舰一毛轻”，要想“此日中流自在行”，那必须等“江边春水生”才行，而不是“枉费推移力”。这是一个从量变到质变的过程，没有量变的积累就不会有质变的发生。

但我们现在很多人因为急功近利的心理作祟，一方面总想着不劳而获，或者少劳多获，不愿意为“江边春水生”付出不懈的努力；另一方面，又希望立竿见影，宁愿看到眼前的一片树叶移动，也不愿意为未来的艨艟巨舰“中流自在行”扎扎实实地积蓄力量。

考试变成了学习的唯一目的，学习简化为获取高分的特定手段。我们的老师，我们的家长，还有我们的社会，都在自觉不自觉地把学生推向这一功利化的思维和学习模式。

但随着考试改革的不断深化，考试内容涉及的范围不断扩展，题型不断变化，从以知识记忆为主到突出能力导向。如果不能适应这种变化，且不说会被将来的社会发展所淘汰，就是眼前的考试这一关都可能过不了。

还是扎扎实实地先把前三个馒头吃掉，品出滋味来，然后再吃第四个馒头吧。不要想着既然第四个馒头才吃两口就饱了，那干脆直接吃第四个馒头多好。

要想吃饱，必须有前三个馒头做铺垫；要想逆袭，也必须有宽而厚的积累。

第二，足够的弹性。

拳头要收回来，打出去才有力道；弓弦要拉开来，射出去的箭才能足够远。所谓一张一弛，文武之道。这是最简单的人生道理。

但是，我们现在的状态常常是初一入学伊始，就要谈面向中考，高一入学伊始，就要谈面向高考。结果是学生每天都绷着劲儿，时间一长，就变得疲疲沓沓，“半死不活”了。

明代理学家胡居仁有联云：“苟有恒，何必三更眠五更起。最无益，莫过一日曝十日寒。”“三更眠五更起”固然算得上是勤奋，但这勤奋必须要“有恒”才行，而不是“一日曝十日寒”，三天打鱼两天晒网，偶然的勤奋无论如何也不能补偿长时间的懒惰。

“强弩之末，不能入鲁缟；冲风之衰，不能起毛羽。”即使是强弓射出的利箭，射到极远的地方，力量已尽时，就连极薄的鲁缟也射不穿了；即使是狂暴的烈风，刮过去后，剩下最后的一丝微力，就连极轻的羽毛都吹不起来。

以百米冲刺的心态跑马拉松，结果是到了该冲刺的时候，根本就没有冲起来的气力。“一鼓作气，再而衰，三而竭”，都已经成了强弩之末，没有了一点点弹性，如何能够实现逆袭呢？

第三，良好的方法。

子曰：“学而不思则罔，思而不学则殆。”任何一个即将参加中考的学生都知道这句话是在谈学思结合的学习方法。但是，又有多少人真正深入理解了其中的深刻含义呢？许多学生要么是思而不学，空做白日梦；要么是学而不思，一猛子扎进题海中不能自拔。

一个年轻人向爱因斯坦提出了这样一个问题：“成功的秘诀是什么？”爱因斯坦便写下了这样一个公式：A=X+Y+Z。他说：“A=成功，X=艰苦劳动，Y=使用正确的方法，Z=少说空话。”

仅就学习方法而论，固然有一些共通的有效的方法，但这些方法要想在某个特定的人身上发挥最大效能，则需要这个人之前的长期艰苦努力，不断在试错中总结经验教训，不断结合自己的实际情况将这些共通的方法进行微调，使其更符合自己的特质。

如果是所谓临时抱佛脚，且不说找不到适合自己的独特方法，就是共通的方法能否运用自如都未可知。

没有良好的方法，只是一猛子扎下去，像无头苍蝇一样乱撞，怎么能实现逆袭呢？

第四，积极的心态。

患得患失的心理状态最要不得。不要因为某一次的小考成绩良好就沾沾自喜，也不要因为某一次的大考成绩不好就自怨自艾。

考试只不过是检测学业水平的一种手段而已，再高明再科学的考试，也不可能考查出你的全部能力。

虽然中高考是敲门砖，但绝不是偶然的一次失利就意味着人生的大溃败。真正决定你个人命运、决定你人生走向的，是长期的不懈努力，而不是一次或者几次考试的高分。

常识六：热爱是最大的内驱力

“老师，我们家孩子小时候特别听话，学习成绩也可好了，差不多科科都是满分，最不济也在 95 分以上，您说怎么一上初中就变成这个样子了？让干啥不干啥，啥也不想学，现在孩子能及格我就烧高香了。”

作为老师，时常听到来访的家长有类似的吐槽，其焦虑之情溢于言表。毕竟是自己的孩子出了问题，焦虑是人之常情，换作谁都会着急的。最初，我听到这样的话，总会一激灵：人家孩子小时候那么优秀，一上初中就这样了，难不成是我的责任，是我把孩子给教坏了？

后来，时间长了，经过不断的观察、思考、实践，我慢慢淡定了。原来“冰冻三尺，非一日之寒”，出现这种问题，并不是我这个现任老师的责任，这个雷埋下不是一天两天了，只不过到了初中这个时间节点，开始爆炸了而已。

这些年来，我看到越来越多的孩子厌学，对任何课程都不感兴趣，本来还是十几岁的孩子，却活成了七老八十的模样，无欲无求。我深入了解了一下这些孩子，发现他们常常有共同的特征，就是从小被爸爸妈妈带着上各种各样的课外班，布置各种各样的额外作业，每天都把时间填得满满的。小时候没有能力反抗，只好逆来顺受，一旦长大了一些，独立性增强了，不受控了，厌学情绪就表现得越来越激烈，随之而来的父母的无力感也就越来越强。

这真是教育的大失败。当教育把孩子的学习兴趣消灭了，使他们没有外力的驱动就一步都不想往前移动时，我们要那么高的分数还有什么用呢？孩子不是为了兴趣学习，而是为了考试学习，为了分数学习，为了爸爸妈妈开心而学习，这时候麻烦就大了。

我经常会问学生，你对某一个学科是什么感觉。很多时候，学生会回答没有感觉。听到这样的回答，我并不难过，反而觉得很好，因为“无感”看似不好，实际上却存在着向不同方向发展的可能。

但是，当家长听到孩子“无感”时，却往往希望立刻行动起来，把孩子拉到“热爱”这一边来。殊不知，无感紧挨着热爱，也紧挨着厌恶。家长如果过度着急，用力过猛，本来希望把孩子拉到热爱一边，结果反作用力一来，就从无感变成了厌恶，而热爱和厌恶之间，这时候就不是仅仅隔着一个“无感”，而是隔着一条难以逾越的鸿沟。

在孩子成长的过程中，无论是父母还是老师，都要学会给孩子“留白”，不要填得太满。人生路很长，是马拉松，而不是短跑，要看长度，也要看到宽度，不要因为拼命冲刺而错过每一个阶段的风景。

爱因斯坦有一句名言："兴趣是最好的老师。"我也常常对学生提起这句话，告诉他们一件事如果你真的有兴趣去做，那不需要太多的外在强制力，甚至你也不会觉得很辛苦，就能够做得足够出色；如果对某件事情你没有兴趣，只是因为外界的压力抑或是自己的理性判断而去做，那么即使你付出再多的努力，最终的结果也最多是还不错，但绝对到不了出色的程度。

正是在这样的思想的指导之下，我在课堂上想尽一切办法激发学生的兴趣，而不是板起面孔，以老师的权威来压制学生，更不会以考试分数的高低来威胁学生。在此举几个例子做一些说明。

初一一开学，我就在课堂上让学生做自我介绍，让他们说说自己名字的来历。我也拿自己的名字来举例，给他们讲一讲我的字为什么叫"水寒"，和我的名字"于晓冰"有什么关系。"水寒"二字不是取自"风萧萧兮易水寒"，因为这个句子的后面一句话是"壮士一去兮不复还"，和我作为老师的身份不相符合。我的字其实是出自《荀子·劝学》中的"青，出于蓝而青于蓝；冰，水为之而寒于水"。"水寒"这个字既和我的名中的"冰"有联系，同时又包含着我作为教师的一种理想，我希望我的学生都能够超越我，都能够青出于蓝，能够"芳林新叶催陈叶，流水前波让后波"，能够"沉舟侧畔千帆过，病树前头万木春"，这是一个为人师者的理想。接着我又给他们讲了讲为什么赵云字子龙、张飞字翼德等等，既讲清楚了名和字的关系，又在讲解过程中给他们传达一个观念：名字绝对不是一个简单的符号，其中既包含父母对你的期望，也包含你自己在社会中的一种角色定位，每个人都应该珍视自己的名字，在生活中努力做到名实相副。

后来，我又给他们讲我儿子的名字（于点）的由来，取自“东路春风吾与点，南华秋水我知鱼”这副对联。这副对联包含了中国文学史上的两大典故，一个来自《论语·侍坐》，另一个来自《庄子·秋水》。慢慢地，部分学生也对这两个典故的文本本身产生了兴趣，诵读“莫春者，春服既成，冠者五六人，童子六七人，浴乎沂，风乎舞雩，咏而归”，从这句话中体验到人与自然的和谐之美，还明白了“我知之濠上也”绝对不是一种诡辩，而是一种精神境界的提升，只有具备丰富敏感的心灵才能够感知万事万物的变化。

冬天外面下雪了，课堂上学生抑制不住地兴奋，总要伸长脖子向窗外张望一下。我就索性停下来，抛开原本预定的讲课内容，另起炉灶，“现炒现卖”，融情于景，给他们讲一讲有关下雪的诗歌和轶事。

我先从两首打油诗讲起：“江山一笼统，井上黑窟窿，黄狗身上白，白狗身上肿。”“大雪洋洋下，柴米都涨价，板凳当柴烧，吓得床儿怕。”这样生动有趣的打油诗让学生大笑起来。我告诉他们要注意观察生活中的点点滴滴，不要一写下雪的文章就都是“地上白了，房顶白了，树梢白了”这样俗套的描写，应该写出细节的变化。

“一片一片又一片，两片三片四五片。六片七片八九片，飞入芦花都不见。”从中可以看出皇帝的无聊，所谓作诗万首的乾隆只不过是徒有数量而已，质量却不敢恭维。从中也可以看出纪晓岚的机智。

“终南阴岭秀，积雪浮云端。林表明霁色，城中增暮寒。”通过祖咏这首不符合应试要求的诗歌，我告诉学生什么叫“意尽”，必要的时候要泼墨如水，不需要的时候要惜墨如金。

“千山鸟飞绝，万径人踪灭。孤舟蓑笠翁，独钓寒江雪。”这样一个孤独的老人，避世的隐者，能够带给学生什么叫不与世俗同流合污的最直观的体验。

“北风卷地白草折，胡天八月即飞雪。忽如一夜春风来，千树万树梨花开。”岑参用他狂放不羁的想象力，描画出神奇瑰丽的大漠雪景。这是对学生最好的美育教育。

我还由此联想到和雪相关的梅花。“梅雪争春未肯降，骚人阁笔费评章。梅须逊雪三分白，雪却输梅一段香。”每个人有每个人的特点，各有各的长处和短处，我们要更关注内在的品格，而不是那些外在的东西。

最后我讲到了《沁园春·雪》：“北国风光，千里冰封，万里雪飘。望长城内外，惟余莽莽；大河上下，顿失滔滔。山舞银蛇，原驰蜡象，欲与天公试比高。须晴日，看红妆素裹，分外妖娆。江山如此多娇，引无数英雄竞折腰。惜秦皇汉武，略输文采；唐宗宋祖，稍逊风骚。一代天骄，成吉思汗，只识弯弓射大雕。俱往矣，数风流人物，还看今朝。”这首诗和前面的打油诗相比，显然有极为不同的特点。前者风趣有余，但气度不足；后者则气魄更为宏大，仿佛一个巨人在指点江山，激扬文字。这种宏大的气魄从哪里来？显然来自一个人的胸怀，只有放眼世界、胸怀宇宙，才能写出这样大气魄的诗歌来。

这样，外面的雪虽然一直在下，但学生们已经从外面的雪世界回到了教室里面来，在老师的带领之下，神游于文学和精神的世界之中。

中考要强化对传统文化的考查，其中的一个考点就是加强对“对联”的考查。我抛开模拟题中那些从内容到形式都属末流的对联，给学生们讲古今名联。在这些古今名联中又包含了很多有趣的故事，学生在这样轻松的状态下，自然完成了对对联这种文学形式的认识和把握。比如，我会讲“千水千山千才子，一天一地一圣人”，会讲“一担重泥挡子路，两旁夫子笑颜回”，会讲“眼珠子，鼻孔子，朱子居然高于孔子？眉先生，胡后生，后生确实长过先生！”，会讲“收二川，排八阵，六出七擒，五丈原前，点四十九盏明灯，一心只为酬三顾；取西蜀，定南蛮，东和北拒，中军帐里，变金木土爻神卦，水面偏能用火攻”。除此之外，我还会讲“体肥就要少吃饭，人丑就要多读书”之类的流行语，在戏谑幽默之中，回到我一再强调的要“多读书，读好书”的问题上来。我告诉学生们要“取法乎上”，才能“得其中”，而如果“取法乎下”，那只能“得之下下”。完全没有任何必要在那些烂题上下功夫，陷入纠结的状态而不能自拔。

中考要强化“社会主义核心价值观”。如果老师板起面孔，像领导做思想报告一样，那学生是不会买账的，达不到任何效果。也不是要学生把这二十四个字记住就算完事大吉，如果不理解这个东西的来龙去脉，即使记住了也没什么用。我就从为什么骂人要骂“王八蛋”讲起，讲对联“孝悌忠信礼义廉，一二三四五六七”的横批是什么，由此引出“八德”或“八端”的概念，再由此向上追溯到“礼、义、廉、耻，国之四维，四维不张，国乃灭亡”，“智仁勇”的“三达德”，“仁义礼智”的“四心”，“仁义礼智信”的“五常”，向下推及孙中山的“忠、孝、仁、爱、信、义、和、平”新“八德”，再到后来的“八荣八耻”，及至今天的社会主义核心价值观。这些都是一脉相承，其来有自，而不是凭空出现的。这样的讲解不可能太细致，但是这种整体的线索上的梳理，总比孤零零地掌握一个枯燥的概念有意思得多。

大多数时候“借境”（借助生活中随时发生的各种各样的事情在课堂上“现挂”），偶尔“造境”（为了某些特殊的需要，有意创设一个情境），我就是用这样的方法激发学生的兴趣。在课堂上，我不会把自己当成一个体制内的老师，依靠权威压制学生，要求他们必须来学习我所教的学科知识，而是时时想如果我是一个体制外的老师，我该如何通过激发兴趣把学生吸引过来，不但吸引过来，还要能持续听下来，甚至就此爱上这个学科，而不是听了一两节课就退钱走人。当然，受限于我的能力，还有每个学生的个性禀赋不同，我不可能完全激发每个孩子对语文的兴趣。不过，我时时坚守一个底线，那就是即使不能激发他们的兴趣，我也绝不会伤害他们的兴趣。兴趣的激发要讲究时机，此时此地此情此景不能激发他的兴趣，不意味着彼时彼地彼情彼景他就没有兴趣。这种兴趣仿佛一个小火苗、一粒种子，只要我不熄灭它、扼杀它，它就可能等到燃烧成熊熊大火、生长成参天大树的那一天。而如果通过强制“死揪”的办法，熄灭扼杀了这种兴趣发生的可能，虽则在短期内看到了成绩的提高，但长期来看，那无异于摧毁了希望，一切都“玩完”！

子曰：“学而时习之，不亦说乎？”这是《论语》的第一篇第一章第一句。试问，如今还有多少学生，真的能够在学习中体会到“悦”的感觉呢？更多的可能是“学而时习之，不亦苦乎”吧。当学习成为一件苦差事，又有多少人能够坚持下去呢？这是个大问题，需要关注，需要思考。

仅仅有任务驱动不够，仅仅有考试驱动也不够，甚至可以说只有这些驱动是不行的。不要时刻威胁着，不要时刻喊着“狼来了”。经常喊“狼来了”的结果是什么？是麻木不仁，是狼真的来了也不在意了。好的教育要让学习变得更有趣味，要让学生热爱学习，要让学生充满探索的激情，不要为了考试而学，不要为了分数而学，要在潜移默化中，在兴味盎然的探索中提升学生的素养和能力。

每一个学科的老师也不能“王婆卖瓜，自卖自夸”，只看到自己所教的这一学科，而要看到多个学科。多学科老师之间要有所协调，而不能各自为战。各自为战的结果就是撕裂，撕裂了学生的认知，让他们无所适从。老师们要协调起来，要激发学生的学习兴趣，让学科与学科之间有机结合，相互之间才能发挥相应的促进作用。

我们的家长和老师也要协调起来，大家都不要那么急功近利，都往更远处看一看，培养孩子的内驱力，不要因为揠苗助长而让孩子掉进厌学的深渊，这样才可能让孩子在将来有更大的发展空间。

常识七：教育不等于管教

教育是要培养独立自主的人，还是要培养受制于人的奴隶？这似乎不言自明，不需要讨论。教育当然要育人，怎么可能以培养奴隶为目标呢？

但在具体的教育实践中，有时我们喊的口号是育人，但实操中的效果却滑向了反面。

某日，上课铃响了，班级里还有一点混乱，我习惯性地等着学生们意识到上课了，然后主动安静下来。

这时，只见一个女生用手推她身边的还在忙着补作业的同学，一边推一边对她说："快收起来，你看 ××× 来了，在后门窗户边看着呢。"（××× 是一位老师，是和学生们利害相关的一位人物。）

其实，她是在开"狼来了"的玩笑，××× 根本没来。虽然同是老师，但明显能感觉到 ××× 比我的威力大多了。他们宁愿用一个并没有真正现身的老师来"威胁"，而在一定程度上无视了讲台上我的存在。

学生们安静下来之后，我就从刚刚看到的这件事开始说起。

当我简单复述这个情境时，全班都哄笑起来。可以想见类似的同学之间的玩笑绝不是第一次发生。

我对他们说，我想问一个问题：一件事做还是不做，该依据什么来做出决定呢？是因为 ××× 来了，于是这件事你就不做了，还是因为你原本就觉得这件事不该做，于是主动不做了呢？

虽然最终的结果都是不做，但是本质却截然不同：前者是被强制的被动行为，而后者则是一种自觉的主动行为。

我曾经讲过“奴”这个字，“奴”的甲骨文，左边的“女”字，是一个人的形象，右边“又”字是一个“手”的形象，意味着“奴”就是一个受到外界控制和约束的人。

一件事该做还是不该做，首先要来自自己独立自主的判断。如果一件事该做，那么即使面对各种阻力，也都要努力做下去。

我引用了经典中的两句话讲给学生听。

一句话是《论语》中的“知其不可而为之”。

这是别人描述孔子的一句话，这句话的意思不是“明明知道不该做而去做”，而是“明明知道做不到却一定要去做”。

为什么明明知道做不到还一定要去做呢？因为经过独立的思考与判断，觉得一件事情应该做，有其价值所在，那就无论遇到多大的阻力，也要做下去。即使最终达不成目标也没有关系，“知其不可而为之”，是一种锲而不舍的精神。

孔子明明知道“大道不行”，还要努力追求探索，看似是一种人生的悲剧，但正是这种悲剧促进了人生境界的提升。也正因为孔子是这样的人，我们才敬仰他、学习他。

另一句是《孟子》中的“虽千万人吾往矣”。

这句话的意思是：纵然面对千万人的阻止，一旦认定了某事应该去做，我也要勇往直前，绝不退缩。这是一种难得的气魄。正所谓“三军可夺帅也，匹夫不可夺志也”，如果认定了一件事情应当去做，那就要拿出“知其不可而为之”和“虽千万人吾往矣”的精神和气概。

当然，很多时候，我们不仅仅是面对来自外界的种种阻力，更重要的是面对我们的内心，尤其是独处时，更容易看到自己的真实想法。

我们独处的时候，也是各种不良的想法最易萌发的时候。这时候，如果觉得因为没有别人看见，于是本不该做的事情就去做了，于个人修养也是有亏的。

所以《大学》中有言：“君子必慎其独也。”

“慎独”体现的是一个人的道德水平和德行操守，是一种很高的精神境界，是君子之行。

东汉的官员杨震就是这样的一个人。在他新官上任的途中，一位故交送他十斤黄金，要感谢他以往的帮助，可能还要进一步有求于他。这位故交告诉杨震，深更半夜，神不知鬼不觉，尽可以坦然收下。但杨震严词拒绝，告诉他“天知地知，你知我知”。

所以，一件事情该不该做，在我们独处的时候，更要注意。不该做的事情，哪怕独处的时候也不要做。这不是因为外界强制，而是因为个人内心的道德律令。

有些时候，我们做一些事时面对的不仅仅是一般的无形的阻力，这种外界的阻力也可能是明确的，是看得见的，而且这种阻力采用种种方法阻挠我们。这时候，如果某件事情你觉得应该去做，那你应该采取什么态度呢？

我引用了孟子的一句名言讲给学生听。

孟子曰："富贵不能淫，贫贱不能移，威武不能屈，此之谓大丈夫。"

这三句话不是并列关系，而是递进关系，所以不能随意颠倒顺序。那些阻力常常采用的手段是：先用富贵利禄诱惑你；如果达不成目的，再把你扔到贫贱之境考验你；如果还不行，那就采用武力胁迫，用严刑拷打等方式，在精神和肉体上折磨你。

这样的情形，如果你对历史比较熟悉，可以找到很多例子。有人在第一关就栽倒了，也有人撑到了第二关，但只有"通关"的人，才是真正的大丈夫，才能名垂青史。

我之所以要讲这些看似和考试无关的内容，就是希望学生通过对经典的学习与思考，能成为一个拥有独立思考和判断能力的人，而不是人云亦云的人，更不是一个受制于人、无知无识的"奴隶"。

教育不能退化为管教，教育是要育人而不是"育奴"。

但学生们是不是真的听得懂呢？有可能懂了，也有可能没有懂。但能影响一个是一个，能推动一点是一点。不期待立竿见影，不期待一呼百应，但相信潜移默化，相信耳濡目染。

下课后，有同学主动到讲台边来，和我交流她对我今天所讲的这个问题的感受。虽然言语不多，但我想这就是影响正在发生的证明。

诚然，在“只问利害，不问是非”之风盛行的社会环境下，“问是非”存有风险，“问利害”则可能更好地自保。但如果人人都只问利害、不问是非，那么眼前的所谓“利”，必定变成长远的“害”。毕竟雪崩到来时，没有哪一朵雪花是无辜的。

其实，我也没有那么大的奢望，不是非要“只问是非，不问利害”。只是期待在问利害之前，先问问是非，或者在问利害的同时，也能问问是非。如果大家都能这么做，我们的社会面貌必然会不同，大家都能更有利，而不是更受害。

常识八：想象力不是培养出来的

最近，学生参加期中考试，其中的现代文阅读选了一篇季羡林先生的散文《夹竹桃》，文中的一段话我读起来很有感触。这段话不长，照录如下：

（夹竹桃）它把影子投到墙上，叶影参差，花影迷离，可以引起我许多幻想。我幻想它是地图，它居然就是地图了。这一堆影子是亚洲，那一堆影子是非洲，中间空白的地方是大海。碰巧有几只小虫子爬过，这就是远渡重洋的海轮。我幻想它是水中的荇藻，我眼前就真的展现出一个小池塘。夜蛾飞过映在墙上的影子就是游鱼。我幻想它是一幅墨竹，我就真看到一幅画。微风乍起，叶影吹动，这一幅画竟变成活画了。

把夹竹桃的影子想象成地图、荇藻、墨竹，变化万千。尤其是“碰巧有几只小虫子爬过，这就是远渡重洋的海轮”，这个想象实在是妙极了，动人之至。

由这一片段，我又想到了清代作家沈复的散文《童趣》，这篇文章被选入了初中语文教材，虽然是文言文，但难度不大，文章也不长，依然照录如下：

余忆童稚时，能张目对日，明察秋毫，见藐小之物必细察其纹理，故时有物外之趣。

夏蚊成雷，私拟作群鹤舞空中，心之所向，则或千或百，果然鹤也；昂首观之，项为之强。又留蚊于素帐中，徐喷以烟，使之冲烟而飞鸣，作青云白鹤观，果如鹤唳云端，为之怡然称快。

余常于土墙凹凸处，花台小草丛杂处，蹲其身，使与台齐，定神细视，以丛草为林，以虫蚁为兽，以土砾凸者为丘，凹者为壑，神游其中，怡然自得。

一日，见二虫斗草间，观之，兴正浓，忽有庞然大物，拔山倒树而来，盖一癞虾蟆，舌一吐而二虫尽为所吞。余年幼，方出神，不觉呀然一惊。神定，捉虾蟆，鞭数十，驱之别院。

夏蚊不要说“成雷”，只要有一只，就已经够让人讨厌的了，但是沈复却将这成雷的夏蚊想象成“群鹤舞空中”，非但不着急打死蚊子，还把几只蚊子留在白色的蚊帐中，“徐喷以烟，使之冲烟而飞鸣，作青云白鹤观”。

“土墙凹凸处，花台小草丛杂处”，这实在是非常常见的地方，但沈复却能“蹲其身，使与台齐，定神细视”，把草丛当作树林，把虫子、蚂蚁当作野兽，把土块凸出部分当作山丘，凹陷的部分当作山谷，“神游其中，怡然自得”。他完全沉浸在想象中，所以才会在“见二虫斗草间”时，“忽有庞然大物，拔山倒树而来”，“不觉呀然一惊”。待心神稍定，才发现原来是只癞蛤蟆，于是“捉虾蟆，鞭数十，驱之别院”。这实在是难得的趣事。

以上两文，共同点是都极有趣味，充满了想象力，这是一下子就能感觉到的。但是，二者还有另外一个共同点，怕是很多人都不大注意到的，那就是这都是作者小时候发生的事情。沈复的《童趣》一开篇，就是“余忆童稚时”，而季羡林的《夹竹桃》在文章开头也写到这是对儿时生活的回忆。

由此，我进一步想到，为什么很多人小时候都有丰富的联想和想象的能力，但是，到了成人阶段，这种联想和想象的能力就大幅衰退，甚至是趋近于无了呢？

且不说成人，就是我们现在的中学生，和小孩子比较起来，联想和想象的能力也差了一大截了。

最近这几年的中考乃至高考作文，除了常规的写实性的写作之外，很多时候还增加了考查联想和想象能力的想象性的写作。但是，连续几年中考阅卷的经验告诉我，现在中学生的联想和想象的能力真是不容乐观。

绝大多数学生都只是为了完成一个考试中的写作任务，而不得不胡思乱想一番，既称不上想象丰富，更谈不上趣味十足，只是为了表达某一个主题而被迫进行的不得已的想象而已。大多数文章都是看了开头就能想到结尾，落脚点无非是在要注意环境保护、要拯救地球之类的政治正确的主题之上。

这些孩子童年时丰富的联想和想象能力跑到哪里去了呢？为什么会丢失了呢？

随着年龄的增长，我们对很多东西习焉不察，充耳不闻，视而不见，变得麻木不仁了，这固然是一个方面的原因，但除此之外，这也和我们过早地给孩子不断灌输确定性的知识和进行机械乏味的练习密切相关吧。

在考试的时候，我们非要追求一个所谓的标准答案，不能容忍不同的思路、不同的意见、不同的想法出现。久而久之，为了得到高分，我们就掉进固化的圈套里面去了。实用主义、功利主义盛行，将联想和想象的翅膀都剪掉了。

说到这里，我又想到从前读过的一个故事。

这个故事发生在一百多年前，故事的主人公是丹麦著名物理学家尼尔斯·玻尔，他是 1922 年诺贝尔物理学奖获得者，发现了基本的原子结构——一个被轨道电子包围的正电核，这为我们今天理解原子奠定了基础。

今天科学界盛行的量子力学，当年玻尔也有开创性的研究，他通过引入量子化条件，提出了玻尔模型来解释氢原子光谱；他还提出互补原理和哥本哈根诠释来解释量子力学，对 20 世纪物理学的发展有深远的影响。

故事讲述的是玻尔在哥本哈根大学上学时的一件事。教授出了一个题目：如果给你一个气压计，如何利用这个气压计测量一座摩天大楼的高度？如果把这个题目放在今天，让我们的中学生来做，他们会怎么回答呢？

基本上只要具备初中物理常识的学生，都会立刻想到利用气压计分别测量地面和房顶的气压，通过气压差算出大楼的高度。这也是当时那位教授出题的时候所希望得到的答案。

但是，玻尔却偏偏不走寻常路，他的答案是用一根绳子系在气压计上，将气压计从大楼的天台放到地面。绳子的长度加上气压计的长度就是大楼的高度。结果，他被判为零分。

玻尔不服气，要求学校独立仲裁。仲裁员裁定这个答案是正确的，但是没有用到什么物理学知识，仲裁员要求玻尔用物理知识解决这个问题。

然后，玻尔一下子就想出来以下答案：

第一，可以将气压计从房顶上扔下去，计算气压计到达地面的时间，然后用自由落体公式计算出大楼的高度。

第二，如果天气晴朗，可以先测量气压计的长度，再测量它直立时影子的长度。然后，测量大楼的影子有多长，最后通过比例原理就能很容易地计算出大楼的高度。

第三，在气压计的一端系上一小段绳子，在地面和房顶分别做单摆运动。利用单摆周期的不同，通过一系列复杂的计算得到大楼的高度。

第四，就是出题教授希望得到的答案：用气压计分别测量地面和房顶的气压，通过气压差算出大楼的高度。

最后，他对仲裁员说，其实最简单的办法就是直接去找大楼的看门人，对他说："告诉我这座大楼有多高，我就把这个气压计送给你。"

玻尔的联想和想象力从哪里来，我没有专门研究。但是，我们却可以从中很清晰地看到这种丰富的联想和想象能力对于他今后在科学研究道路上的巨大助力作用。

爱因斯坦说：“想象力比知识更重要，因为知识是有限的，而想象力概括着世界上的一切，推动着社会进步，并且是知识进化的源泉。”

在我们倡导“万众创新”的今天，没有丰富的联想和想象能力，是搞不成创新的。即使就个体而言，在 AI（人工智能）时代，丰富的联想和想象能力也是一个人的不可替代性的根本所在，否则就可能成为人工智能发展过程中的牺牲品。

而这丰富的联想和想象的能力从哪里来，是需要思考的问题。

如何培养联想和想象能力，是个非常专业的问题，我无法系统地说出一二三来。但是，我的教育教学经验告诉我，与其奢谈培养想象力，不如做好最基础的保护想象力的工作。想象力不是自来水，不是拧开龙头说来就能来的。我们的家长、我们的老师，如果能做到从根子上保护而不是伤害孩子的想象力，就已经是立了大功。

PART 3

第三章

除了关心分数，还应关心什么

家长常常最关注孩子的学习成绩，孩子考多少分、排第几名，成为每一次考试之后的焦点话题。随着考试越来越频繁，家长不厌其烦地问，孩子则是不胜其烦地答。不只是家长关心成绩，老师也关心成绩。就这样，孩子生活在家庭和学校的分数聚光灯下，很多时候，不只是“差”孩子烦，“好”孩子也烦，他们觉得成绩是他们生活中的唯一，越来越多的孩子出现心理问题也就成为一种必然。

实际上，在分数背后，还有更多应该关注的事情，分数只是把这些事情做好之后的副产品而已。比如，培养孩子的自控力，培养孩子质疑的能力，培养孩子的规则意识，培养孩子的理想和志向，培养他们使用网络或者手机的良好习惯，培养他们自主规划安排假期的能力，乃至培养他们规划升学的能力，等等，这些在我看来，都远比分数本身更为重要。当我们一门心思盯着分数，甚至为了分数而寻求一些所谓的捷径时，却常常欲速则不达。所以，我们不能舍本逐末，不能缘木求鱼，求快不一定要不断地做加法，很多时候还要学会做减法，要搞清楚哪些是最根本的问题，掸去那些表面的浮尘，把根基打好，然后一切的收获，都是自然而然的事情了。

理想：人之有志，如树之有根

课上，我曾经讲到这样一副对联：“立志须从千载想，闲谈莫过五分钟。”

我由此延展开来，临时做了一个小调查，问问学生：“在最近一两年中，在家长或者老师和你交流的过程中，有多少人谈过关于理想、立志的话题？”

结果很让人吃惊，全班四十多人，只有寥寥三五人举手。那剩下的绝大部分学生，家长和老师都在和他们谈什么呢？学生告诉我，最经常谈的话题就是下一次考试要考多少分、要考第几名。

这个调查，既令人震惊，又让我深受触动。有一句古话形容古代的读书人是“两耳不闻窗外事，一心只读圣贤书”，现代人觉得那是书呆子所为，不值得效仿。可我们现在的学生怎样呢？真的比古代的读书人强吗？

明代东林党领袖顾宪成写过一副有名的对联：

风声雨声读书声，声声入耳；家事国事天下事，事事关心。

圣贤书中所说的“格物、致知、诚意、正心、修身、齐家、治国、平天下”，正是在引导读书人关注家事、国事、天下事。现在的学生，则常常是埋头于各种作业练习之中，非但“窗外事”不闻，“圣贤书”也不读。只关注眼前的分数和名次，未免视野太过狭隘，目光太过短浅了。

几年前，我读到据说是作家梁晓声的一句话，他说：

“所谓‘文化’，可以用这样四句话来表达：植根于内心的修养，无须提醒的自觉，以约束为前提的自由，为他人着想的善良。”

读罢，我对此说深以为然，于是在课上和学生就这句话展开了一些讨论，谈对文化的理解和做人的问题。在不久之后的家长会上，我也就此话题和家长做了分享，并提示他们回去之后，可以从梁晓声这句话出发，展开来和孩子做更深入的交流讨论。

家长会结束一周之后，我在班级中做调查，问有多少同学的家长和他们就这句话进行了讨论，结果是寥寥无几。家长会后，绝大多数家长和孩子谈的仍然是分数问题，是名次问题，而完全忽略了这句话，忽略了老师的要求。之所以忽略，或许是因为他们觉得和孩子讨论这个问题没有意义，还不如说说分数、说说名次来得实在。

难道我们真的不需要关于理想、关于立志的教育吗？我们的教育太过于关注现实，太过于追求功利了，只看到眼前，而没有看到长远。这样的教育所产生的弊病，我们的祖先早已反复论述过。

书不记，熟读可记；义不精，细思可精。唯有志之不立，直是无著力处。——朱熹《性理精义》

志不立，天下无可成之事。虽百工技艺，未有不本于志者……志不立，如无舵之舟，无衔之马，漂荡奔逸，终亦何所底乎？——王阳明《教条示龙场诸生》

立身不高一步立，如尘里振衣，泥中濯足，如何超达？——洪应明《菜根谭》

这些名言莫不反复强调立志、理想的重要性。用现在中学生能理解的话来说，就是："理想是水，浇出生命的苗；理想是苗，长出生命的树；理想是树，开出生命的花；理想是花，结出生命的果。"

《左传》中有所谓"三不朽"之说："太上有立德，其次有立功，其次有立言，虽久不废，此之谓不朽。"

宋代的张载有著名的"横渠四句"："为天地立心，为生民立命，为往圣继绝学，为万世开太平。"

但很遗憾，这样读书立志的好传统并没有很好地保存下来，反而是"学得文武艺，货与帝王家"这样功利性极强的读书观流传下来，并得到了进一步的强化。

有国外著名大学的招生官直言不讳地说："中国学生聪明，勤奋，但也迷茫，功利心比较重，妨碍了他们的长远发展。"

西谚有云："对于一只盲目的船来说，所有方向的风都是逆风。"

如果只盯着眼前，只盯着当下，难免会视野狭隘，境界不高。脚踏实地固然没错，但也应该经常仰望星空。

诸葛亮说："志当存高远。"唯有高远之志，才能引导人生的方向，使人不至于因为眼前一次两次的考试成绩的好与坏而患得患失，也不会在拿到大学本科乃至博士的毕业证之后，依然是“空心人”或者“巨婴”。

这种高远之志的树立，不只是为了个体的利益，也不只是为了光宗耀祖，还是要思考人生的意义和价值，要思考自己来到这世界上，为他人、为社会甚至为整个人类应该留下一点儿什么。

美国著名心理学家亚伯拉罕·马斯洛 1943 年在《人类激励理论》中提出了需求层次理论，将人类需求像阶梯一样从低到高按层次分为五种，分别是：生理需求、安全需求、社交需求、尊重需求和自我实现需求。

家长和老师在培养孩子时，不要让他们只是满足于低层次的需求，还应该有更高的需求。尊重的需求与自我实现的需求，从相当程度上来说，都需要高远的理想与志向支撑，如果没有这些支撑，人只会如无头苍蝇一样乱撞。

当然，树立高远的理想，和现实的勤奋努力并不矛盾。古人云“名需立而戒浮，志欲高而无妄”，也就是“立志须从千载想，闲谈莫过五分钟”之意。

立志，要拉开时空的距离，不能只顾眼前，否则会看不清人生的大方向。但为了实现这个“志”，却需要当下踏踏实实的努力。这种努力有别于为了分数、为了名次的努力，因为有了更高远理想的指引，人生的目标才会更明确，人生的根基才会更扎实。

自控力：发展自控力的关键在“自”而不在“控”

“老师，我们家孩子自控力太差，你不强制要求他，他就不好好学。您多给他布置作业，我们回家多盯着他，您在学校也多‘敲打’他，争取让他在下次考试中能提高一大截。”

每每和家长沟通交流，听家长说出这番话，并准备用这番话做谈话结尾的时候，我就知道这次交流又失败了，至少是没有取得预期效果。交流的过程简直是“关公战秦琼”，我主要想谈关注孩子自控力的培养，为他将来的发展奠定更好的基础，而家长则更关注怎么在短期之内快速提高成绩。

小孩子能力有限，做事也好，学习也好，难免会慢一些。怎么能快起来？包办代替或者强制是个“好办法”，能立竿见影。但是，老百姓有一句俗话，叫作“勤快妈妈懒孩子”，偏于强势或者焦虑于孩子在最初的发展阶段就落后的家长，往往会自觉不自觉地采用包办代替或者强制的办法。这种办法在幼儿园或者小学的阶段，往往会有不错的效果，“虎妈狼爸”也常常会以成功者的形象自居，并乐于为其他家长介绍自己的育儿经验。

但是，作为中学老师，我在和家长交流时，常常会听到家长这样诉苦：“老师，我们家孩子小时候可听话了，可他最近越来越不听话，我说什么他也不听，老是和我对着干，学习成绩和小学相比直线下降。老师，您说我可怎么办才好？”

面对这样的家长，如果进一步交流，就会发现他们几乎无一例外都是“虎妈狼爸”，在相当长一段时间里，他们都觉得自己的教育非常成功，因为他们的孩子在同龄人中表现得非常优秀。但当孩子进入青春期，独立意识和独立能力日趋增强时，冲突就在所难免。

这一时期，家长的控制力开始变弱，孩子的发展不如家长预期中那么理想。家庭教育尤其是亲子关系陷入恶性循环，家长越控制不住，越想控制；越想控制，亲子冲突越大，甚至发展到不可收拾的地步。

之所以出现这样的状况，主要是家长在培养孩子自控力方面出了问题。很多家长不是不知道培养孩子自控力的重要性，但在什么时候培养和如何培养自控力这个问题上，严重缺乏基本常识。

关于自控力的问题有很多论述，甚至有很多专著，提供了各种各样的具体办法。我不准备过多地重复这些说法，只就我在这方面的思考和实践，提出以下两点意见：

第一，自控力不是与生俱来的能力，需要不断锻炼。

自控力需要锻炼，而这个锻炼的过程，就是要有意识地减少“他控”，给孩子提供自控的机会，让他自己尝试承担自控带来的任何结果。只有不断尝试自控，孩子的自控力才会越来越强。

我们的家长只看到“他控”带来的立竿见影的效果，而没有清楚地意识到孩子自控力不强带来的风险。等到发现这种风险越来越逼近，越来越变成现实的时候，又不敢真正放手，左右为难。于是，问题越来越严重。

第二，自控力的培养宜早不宜迟，甚至可以说越早越好。

家长要在孩子很小的时候，就在他力所能及的范围内给他尽可能多的锻炼自控能力的机会。自控必然有相当的风险，可能成功，也可能失败，但无论成败，都要给孩子自控的机会。成功固然可贵，但失败对他的成长而言也同样是一笔重要的财富。

在未成年的阶段，“栽跟头”应该被允许甚至被鼓励，因为每一次“栽跟头”的经历，都是不断吸取经验教训、增长能力的过程。在未成年的阶段，“栽跟头”付出的代价最小，收获也最多。如果家长迟迟不给孩子自控的机会，等到他成年之后，依然缺乏自控力，再出现问题就是大问题，再栽跟头就是大跟头，甚至可能一个跟头栽下去，再也爬不起来。从儿童成长需要和风险成本来说，培养自控力都宜早不宜迟。

当然，培养和发展孩子的自控力，绝对不仅仅是家长的责任，也是老师的责任。通过“背着抱着”的方式在短期内取得优异成绩的老师，不应该再被视为责任心强的表现，更不应该被当作正面典型大加表扬。因为这种“背着抱着”的做法，从短期来看固然成效卓著，但是长期来看则严重损害了学生自控力的发展，与教育的长期目标完全相悖。

那么，培养孩子的自控力，有哪些基本方法和技巧呢？

从一定意义上来说，孩子成长的过程，就是自控力不断提升的过程。自控力培养涉及儿童成长的方方面面。简化起见，我主要说三个方面，即生活、学习和情绪方面的自控力培养。

生活方面，要放手让孩子去做所有他能独立做的事。

包办代替是成人在孩子成长的过程中最常见的做法，隔代教育在这方面表现得尤其严重。产生这种情况主要有两点原因：一个是觉得孩子做不好，没有这个能力，于是就不让他去做；还有一个就是觉得孩子做得慢，不如自己做得快，包办代替省心又省事。但长期这样下去的结果，就是孩子的能力尤其是自控能力得不到培养，短期看确实省事，长期看却是大麻烦。

我们要明白一个基本道理：没有哪一个人天生就什么都会做，生活的能力都要依靠后天的不断训练获得，这种训练是一个相对漫长的过程，不可能一蹴而就，也不是到了一定年龄一下子就能学会。

明白了这个道理，就要像训练孩子学走路一样，要慢慢放手，不能因为孩子有摔伤的风险，就一直不敢放手。一直不放手，孩子就不容易具备独立走路的能力。同样的道理，生活中的所有事情，都应该在风险可控的基础上逐步放手。

比如，让孩子慢慢学会独立收拾房间、洗衣服等等。哪怕最初做得不太好，也没有关系。对孩子独立完成的事，即使做得不算好，也要以鼓励为主，多找进步的积极的因素，尽可能忽视那些不足。退一步讲，即使要指出不足，也要尽可能婉转，以讨论或者建议的方式进行。比如，“我觉得你下次洗衣服的时候，多浸泡一会儿，可能会洗得更干净一些”“你下次换个方式尝试一下，看看是不是有不同的效果”等等。

如果实在觉得不好，需要返工，也可以再帮他做一遍，但再做一遍这个过程最好避开孩子，避免他形成一种认识：返工是对他能力的否定。

尽可能给孩子自己做出选择和判断的机会。比如，穿什么样的衣服，常常是孩子和家长发生争执的一个导火索。冷热是孩子自己的感受，如果他愿意为他“要酷”付出挨冻甚至感冒的代价，那让他自己去忍受就是了。美丑也是他自己的判断，成人无法代替，审美的能力也是在不断尝试中提升的，所以只要不是太过分，不是有伤风化就好。

一般来说，更多时候是家长觉得不能忍受。其实，这些都是孩子自己的事情，他自己能忍受就好。随着年龄的增长和各方面因素的变化，他自己不能忍受的时候，自然就会尝试着做得更好。

学习方面，要让孩子在尝试中逐步建立属于自己的学习节奏。

很多家长要么是让孩子超前学习，觉得领先别人的孩子是一件值得炫耀的事；要么就是要求自己的孩子至少要和别人的孩子齐头并进，稍有落后，就产生严重的焦虑情绪。成人觉得自己更容易看到问题的症结所在，于是直接指出问题，然后帮助孩子制订计划，接着强制实施，结果孩子的成绩在短期内赶上了。这是现实生活中最为常见的情形，但这种方式和生活上的包办代替一样，短期看效果不错，甚至立竿见影，但长期来看则有害无益。

要意识到每个孩子成长发育的节奏各不相同，要接纳自己的孩子是独特的那一个。帮助他，但绝不要代替他确立属于自己的学习节奏。要让他在学习过程中，经验也好，教训也罢，总要通过自己的实践，去摸索什么对他来说是最好的节奏。不要让他因为被强制而产生逆反心理，也不要因为过度超前学习而产生畏难心态，和所学内容建立强烈的负面情绪联系。

以学习时间的管理为例，很多家长觉得孩子做作业非常磨蹭。我在和他们交流的过程中，发现这些家长大多做过这样的事情：代替孩子制订作业计划，然后监督孩子完成，在这个过程中，还鼓励孩子不断加快速度，甚至会许以各种各样的承诺，比如给孩子买个什么玩具或者好吃的东西，或者可以多玩一会儿等等。但当孩子很快完成之后，家长却一边表扬孩子完成得很快，“儿子（闺女），你真棒，完成的速度完全超乎你妈（爸）的预期”，一边说：“来，儿子（闺女），再加两道题。”长此以往，结果如何呢？孩子自然知道他做得越快，任务就越多，反正时间有限，总不能不让我睡觉，于是磨蹭到睡觉为止。磨蹭一旦形成习惯，时间管理能力得不到提升，想快的时候也快不起来了。

正确的做法是，让孩子自己预估作业完成时间，尝试做好计划安排。完成计划之后，可以和他讨论一下计划完成的情况和预期有什么差异，这种差异为何会产生，如何让计划完成情况和预期更为吻合，等等。最初慢一点儿没关系，要乐于让孩子独立做好计划。完成计划后如果有一些剩余时间，这些时间要真正交给他们自己来管理。对时间的管理本身就是一种良好的自控力训练。

情绪方面，要给孩子一个稳定、安全、温暖的家庭环境。

一般来说，情绪管理能力和先天的禀赋或者说个人特质有一定的关系，但更重要的是后天环境的影响。如果在一个家庭中，父母都比较善于管理自己的情绪，不是那种暴躁易怒的性格，遇事比较淡定从容，那孩子也会受到父母的影响，不会轻易发怒冲动。

家长要有意识地和孩子具体讨论，在处理某一件事时，发怒或者冲动会带来怎样的不良后果。这些不良情绪无助于问题的真正解决，遇到问题应该冷静下来，寻求正确的解决之道。除了发怒冲动之外，焦虑也是现实中常见的一种情绪，要和孩子探讨焦虑的具体成因，以及在某一件具体的事上如何缓解焦虑。先要直面问题，然后思考解决问题的办法，最后就是做好心理准备，接纳努力之后的任何结果。

沉浸于阅读之中，是一个不错的情绪管控的办法。通过阅读，了解书中的百样人生，体会不同的人在面对不同的人生际遇时如何处理、效果如何。这些间接的经验，本身也非常宝贵，有助于在自己遇到问题时做迁移思考。

还要让孩子热爱运动。运动不仅仅能带来良好的体质，运动中的一些体验是任何道理说教无法代替的。比如，什么是坚持，什么是最后一刻发生奇迹，什么是挑战极限、超越自我等等，都可以在运动中通过身体最为切实地感受到，这种体验远比任何说教来得深刻。

自控力培养涉及众多方面，本文只就以上三方面举一点例子说一说。其实，只要充分意识到培养孩子自控力的重要性，并且明白自控力培养的基本原则，在遇到具体问题时不断尝试，最终总能找到针对自己孩子的最有效的培养方法。须知，我的这些技巧和办法，也不是我凭空想出来的，而是在当老师和当父亲的过程中，不断实践和思考的结果。

规则意识：家长是孩子的参照物

我每天接送儿子上下学，其间看到一些现象，虽然可能是偶然发生，但这些偶然现象背后的规则意识的缺失，却不可忽视。

现象一：

儿子学校校门旁边的十字路口，是上下学学生和接送孩子的家长的必经之路。本来道路就不宽，再加上上下学高峰期，人车混行，就更为拥堵。如果不是学校的保安和家长志愿者帮忙疏通，这个路口就会显得更为混乱不堪。

但有几次，我看到在绿灯变红灯的当口，有一些开车的人明明知道自己来不及通过路口，却偏偏要把车子往前挪一下，这一挪动，正好挡住了人行横道。没办法，来往的人们只能绕着这部车子走过去。每个走过这部车子的人都会往车里望一眼。

高峰期大家都着急，这一点可以理解，但最基本的交通规则也应该遵守。“红灯停，绿灯行，看到黄灯等一等”，这是每个幼儿园的孩子都会背的儿歌。对每个开车的成人来说，就更是最基本的交通规则常识。

但偏偏有人要置规则于不顾，能往前挤一挤，就往前挤一挤。我不知道是否有孩子坐在车上，也无从知道开车的父母会对孩子说什么，但我知道，这样的行为会在潜移默化中影响孩子的规则意识的形成，作为孩子的重要“参照物”，父母在这一点上是不合格的。

我的一个同事每天骑车带儿子上下学，他每每要把自行车停放在离学校挺远的地方，走一段路到校门口去接孩子。我问他为什么，他说学校门口人太多，能少添乱就少添乱。这其中没有什么高深的大道理，但在他的影响下，我看到的是他的孩子特别懂得遵守规则。

现象二：

放学接孩子，学校要在特定的时间才开校门。所以来得早的家长就要在路边等着，常常是到开门的时候，用“人山人海”来形容人群的拥挤程度绝不为过，那情形一点都不亚于春运期间的火车站或者逛庙会的人潮。

但在这时候，我每每看到有几个烟瘾很大的家长，旁若无人地抽着烟。烟雾缭绕之下，其他人都尽可能地躲开，或者掩着口鼻匆匆走过。抽烟者周边形成了一个难得的“宽松空间”，但没有谁愿意往这个空间里挪一挪，因为受不了二手烟的味道。

我知道北京市的控制吸烟条例中明确规定“幼儿园、中小学校等以未成年人为主要活动人群的场所”是要禁烟的，但不知道在校园附近吸烟是否算违反规则。于是，我特意查了一下北京市的控制吸烟条例。

原来，在第十四条中有这样的明确规定：“个人应当遵守法律法规的规定，不得在禁止吸烟场所和排队等候队伍中吸烟；在非禁止吸烟场所吸烟的，应当合理避让不吸烟者，不乱弹烟灰，不乱扔烟头。”

也就是说，在接孩子放学的场合，因为属于排队的场合，而且无法做到合理避让，因此在此情况下吸烟也应该被禁止。

可能那些吸烟者会辩解说自己不了解这个相关规定，但即使不了解这个规定，也应该做到不吸烟。我想，他们在家里，在孩子面前，为了孩子的健康，应该是很少吸烟的。那么，在其他人面前就可以吸烟吗？难道其他人的健康不如他们孩子的健康那么重要吗？

如果他们这样的行为被他们的孩子看到，孩子会如何想、如何做呢？未成年人的模仿能力很强，这种模仿不限于事件本身，甚至可能在同类事件上进一步扩展，从这个意义上来说，这些旁若无人的吸烟者，作为孩子规则意识养成的重要“参照物”，是不合格的。

现象三：

一年级的家长在孩子放学之后，是要到校园里面去接的。为了保证孩子的安全，每位家长都有学校印制的通行证，进校门的时候要拿在手上向保安出示。如果忘了带通行证，就只能等大多数学生都被接走之后，由老师把孩子送到校门口。

保安很负责任，每次一开门，虽然是人潮汹涌，但保安会不断提醒大家把证件拿出来，让他们看到。偶有忘了带证件的，保安就提醒他别着急，在门口等着，一会儿老师会把孩子送出校门来。

应该说，这是一个很好的方式，最大限度地保护了孩子的安全，让每一个孩子能够高高兴兴上学来，安安全全回家去。

但是，总有一些不该有的例外，我就碰到过几次。一次，有一个胖大老者没有带证件，却不听保安的劝阻，执意要闯进校园接孩子。保安伸手阻拦，老者却推开保安大骂着冲进校园，理由是他每天都来接孩子，保安应该认识他，凭什么非得带证件。

那天，我看到学校的负责老师也在旁边劝阻，但这个老者依然在校园里跳着脚地骂，各种脏字从嘴巴里喷出来，当着众多孩子和家长的面。

我真的要为这些保安和老师的涵养“点赞”，他们依然不急不恼地向老者解释。但老者似乎不领这个情，保安和老师越是不急不恼，他越是叫嚣得厉害，仿佛得了多大的理、受了多大的委屈。

我在想，如果他家的孩子看到这样一幕，会怎么想？规则的破坏者本身并没有获益，反而可能因此而受损。

难道只有他家的孩子才是孩子，他家孩子的安全才重要，而别人家的孩子的安全不重要吗？如果有一天，所有的人都不持证，蜂拥涌入，有坏人趁乱把孩子带走了，能保证带走的就不是他家的孩子吗？

因为社会发展阶段所限，有一些规则的破坏者看似会成为“受益者”。但是，我相信随着社会的发展，社会的文明程度越高，就越需要遵守规则，而破坏规则者必然受到相应的惩罚。君不见那些层出不穷的野生动物园“老虎伤人”“黑熊咬人”的事件吗？君不见那些屡见不鲜的因闯红灯而导致伤亡的交通事故吗？君不见那些常常发生的因为加塞插队而引发他人不满，导致双方大打出手的事情吗？

在培养孩子遵守规则的意识这个问题上，家长是孩子的重要“参照物”。这种规则意识的养成，不是靠言语说教完成的，而是要靠点滴的行动来完成的，身教远远重于言教。从这个意义上来说，我们作为家长要时时反思自己，在培养孩子遵守规则的意识上，我们的行动合格吗？

遵守规则的孩子，将来的人生之路会因为他遵守规则而走得更顺利。从这个角度上来说，家长通过行动潜移默化地影响孩子，使孩子成长为一个遵守规则的人，是爱孩子的重要表现。

质疑精神：会质疑、能质疑、敢质疑

现在，学校越来越重视对学生质疑精神的培养了，据说这是受到了美国教育的影响。美式教育注重培养学生的开放型思维和质疑精神，鼓励学生质疑他们所学到的东西。与此相比，中国学生在开放型思维和独立思考的能力方面还有相当的欠缺。

凡事过犹不及，这种质疑精神的提倡本身并没有问题，但是，这绝对不是一个简单的提倡就能够解决的问题，还要会质疑、有能力质疑、敢质疑才行。如果缺乏这些，结果可能就是画虎不成反类犬。

因为要提倡培养学生的质疑精神，我们的课堂就逐步改变了老师“一言堂”的状态，学生开始踊跃发言了，积极提出自己的问题和思考。对此，一些老师常用“很好”“不错”“有道理”这几个词来回应，但很少会有“为什么很好”“为什么不错”“为什么有道理”这样深度的回应。于是，各种“奇葩”的事情发生了。

讲《武松打虎》，学生会说：老师，武松不应该打老虎，老虎是珍稀保护动物，武松打死了老虎，是要负法律责任的。

讲《背影》，学生会说：老师，朱自清的爸爸不讲交通规则，怎么可以爬上月台，穿过铁轨去买橘子呢？发生了交通事故谁负责？

讲《鲁提辖拳打镇关西》，学生会说：鲁提辖这是用暴力对抗暴力，这篇课文是在渲染暴力，对青少年不好。

……

这些说法，不是学生自己头脑中凭空长出来的，而是受到了社会上各种说法影响的结果。如果我们的老师面对学生这样一些质疑，还用“不错”“很好”“有道理”来回应，会怎么样呢？结果怕是非但没有培养出真正的质疑精神、质疑能力，反而在荒谬的道路上越走越远吧。看看今天网络上充斥的各种完全不合逻辑的质疑之声，就知道在很大程度上，我们可能不缺乏质疑，但缺乏真正的质疑精神和质疑能力。

说一个我上课的时候遇到的情形。在讲《愚公移山》的时候，我提出这样一个问题：请谈一谈你对愚公和智叟的看法，如果让你来选择，你会做愚公，还是会做智叟呢？

这个问题很能引发学生的兴趣。结果是他们绝大多数都要做智叟，而极少有人愿意做愚公，理由也多种多样。

学生甲：愚公都快九十岁了，他怎么能这么笨，选择这样一个“面山而居，惩山北之塞，出入之迂也”的地方呢？从最开始他就错了。

学生乙：愚公原本不必去搬山，他完全可以搬家啊，搬家了就不会面临这个问题了。

学生丙：他不搬家也行，但可以坐飞机飞过去啊，干吗非要搬山呢?

学生丁：那时候没有飞机，我觉得挖隧道比较可行，总比直接把大山都搬走要省事得多吧。

学生戊：他要挖隧道的话，完全不必把土石运得那么远，到什么“渤海之尾，隐土之北”，要“寒暑易节，始一返焉”，只要放到不碍事的地方就行了。他的目的是通行方便，又不是要学精卫填海。

学生己：挖隧道也不一定就可行。“山不加增”不可能，我看地理书上说，青藏高原现在每年还升高近两厘米呢。人工怎么可能跑得赢山的增长呢?

学生庚：还是智叟的话有道理：“甚矣，汝之不惠。以残年余力，曾不能毁山之一毛，其如土石何？”即使像愚公说的那样，“子子孙孙无穷匮也”，也不值得，搬家都搬多少回了。

……

学生这样的热烈讨论一直持续了多半节课，我一直微笑不语。他们以为我对他们的想法如此之多、思路如此之开阔持赞同之意呢，所以，他们就越说越兴奋，大家越来越倾向于愚公确实很“愚”，还是智叟比较“智”，宁做智叟，不做愚公。

在他们把各种能够想到的办法都说完之后，我给他们做了这样一个总结：

“各位同学，我们回过头来，看看这篇文章的体裁是什么？是一篇寓言。既然是寓言，我们就不能只盯着表面的故事，而要揭示其寓意。这篇文章的寓意其实就藏在题目里。‘愚公移山’是什么意思？所谓‘愚公’，就是人；所谓‘移’，就是‘克服’；所谓‘山’，就是‘困难’，整个题目就是在讲‘人克服困难’。

“当我们面对困难时，是要选择逃避，还是要选择面对呢？你们都会说当然是要面对，不能逃避。但具体到某一个问题，或许可以有更灵活的解决办法，这一点我也完全不否认。

“但也要注意，我们固然可以用巧妙的办法去克服某一个困难，但我们不可能期待所有的困难都用巧妙的办法去克服。我们首先要有直面困难的勇气，如果缺乏这种勇气，只要见到困难就想绕过去，绕过一个困难是可能的，但难道可以绕过所有的困难吗？人就是在不断地克服一个又一个困难的过程中成长的。所以，这一篇文章的重点，并不在于具体就‘移山’这件事讨论愚公做得是否合理，而是愚公这种直面困难的勇气，值得我们每一个人学习。

“我再给你们讲两个成语，一个是‘根深叶茂’，一个是‘源远流长’。这两个成语看起来是并列关系的短语，但是，你细细琢磨一下，会发现实际上是条件关系，只有‘根深’才能‘叶茂’，只有‘源远’才能‘流长’。

“唐代名臣魏征在他的《谏太宗十思疏》中有这样一句话：‘臣闻求木之长者，必固其根本，欲流之远者，必浚其泉源。’意思是：‘我听说，要想使树木生长得茂盛，必须稳固它的根部，因为根深方能叶茂；要想水流潺潺，源源不断，必须疏通它的源头，因为源远才能流长。’

“同样的道理，质疑精神固然可贵，但如果你没有相应的知识储备，就不会质疑；如果缺乏较有深度的思维，就没有能力质疑。你的所谓的质疑，就成了无源之水、无本之木。你的所谓的质疑精神，只能是荒谬的、不合情理的，不是科学的质疑，而是胡乱的质疑，甚至可以说是胡乱的猜疑。

“我们不能为质疑而质疑，要学会质疑，首先要有质疑的能力。在读一篇文章、一本书的时候，要放平心态，不要先入为主，不要一上来就想着质疑，而应该先想着从这篇文章、这本书中有怎样的收获才行。”

以上算是我在课堂上针对学生对《愚公移山》一文的质疑所做的回应的一个课堂实录。

《圣经》中说：“已有的事，后必再有；已行的事，后必再行。日光之下，并无新事。”类似的事情，在历史上有一个更为经典的版本，不妨在此和诸位分享一下。

这个更为经典的版本涉及新儒家的两位代表人物，一位是熊十力，一位是徐复观。在讲故事之前，有必要对这两位人物做一点简单介绍，以便不熟悉这两位人物的朋友知道这个故事的分量。

熊十力（1885—1968）：中国著名哲学家、思想家，新儒家开山祖师，国学大师。与其三弟子（牟宗三、唐君毅、徐复观）和张君劢、梁漱溟、冯友兰、方东美并称为“新儒学八大家”。1949年以后，以特别人士的身份受邀参加首届全国政治协商会议，后被选为全国政协第二、三、四届委员。

徐复观（1903—1982）：新儒家学派的大家之一，亦是颇具社会影响力的政论家。原名秉常，字佛观，后由熊十力更名为复观，出自《老子》“万物并作，吾以观其复”。他的代表作《中国艺术精神》《两汉思想史》等被认为是任何有志治中国思想史的人必读的经典。

故事是这样的：

1943年，徐复观时任蒋介石侍从室机要秘书，受到蒋介石的器重，被擢升为陆军少将。他在读到熊十力独创的新儒家哲学体系“新唯识论”之后，极为钦佩，希望拜当时在重庆勉仁书院教书的熊十力为师。于是，他给熊十力写了一封信，一方面表达仰慕之情，另一方面表达拜师之意。不久，他就收到了熊十力的回信。熊十力在信中批评徐复观来信字迹潦草，缺乏后辈对前辈的基本礼貌，诚意不足。徐复观立即去信道歉。几番信件交流之后，熊十力约徐复观到书院面谈。

徐复观第一次去见熊十力时，身着陆军少将军服。他向熊十力请教该读什么书，熊十力向他推荐了王夫之的《读通鉴论》。徐复观说这本书早已读过了。熊十力面露不悦之色，说你并没有读懂，应该再读。

过了一段时间，徐复观再见熊十力，报告《读通鉴论》已经读完。熊十力让他谈谈心得，徐复观就谈了许多对王夫之的批评。

熊十力还未听完就开始破口大骂：你这个东西，怎么会读得进书！任何书的内容，都是有好的地方，也有坏的地方，你为什么不先看出它的好的地方，却专门去挑坏的？这样读书，就是读了百部千部，你能从书中得到什么益处？读书是要先看出它的好处，再批评它的坏处，这就像吃东西一样，经过消化而摄取了营养。譬如

《读通鉴论》，某一段该是多么有意义，又如某一段理解是如何深刻，你记得吗？你懂得吗？你这样读书，真太没有出息！

多年后，徐复观回忆道：这对于我是起死回生的一骂。恐怕对于一切聪明自负但并没有走进学问之门的青年人、中年人、老年人，都是起死回生的一骂！近年来，我每遇见觉得没有什么书值得去读的人，便知道一定是因小聪明耽误一生的人。

这个故事让我受到很多的启发。我自己这样做，也鼓励学生这样做：读书要先看出好的地方来，而不是先抓坏的地方，以此来显示自己的本事。要质疑可以，但要先学会质疑，先通过学习好的地方，让自己具备质疑的能力。

除了会质疑、有能力质疑，敢质疑也非常重要。要营造敢质疑的氛围，培育敢质疑的土壤。然后，才能在质疑之中推动个人乃至社会的进步。

网络和手机：利用好网络才能避免网瘾

每到开学季，总会有类似下面这样的段子，在微信群或者朋友圈中流行起来：

“天将降大任于斯人也，必先卸其QQ，封其微博，删其微信，去其贴吧，收其电脑，夺其手机，摔其iPad，断其Wi-Fi，剪其网线，使其百无聊赖，然后静坐、喝茶、思过、锻炼、读书、弹琴、练字、明智、开悟、精进，而后必成大器也！”

很多人之所以选择转发，一定是因为对此发自心底地赞同。相当一部分成年人甚至觉得手机和网络就是洪水猛兽，孩子一旦沉迷其中，陷入网瘾中不能自拔，就彻底完蛋了，所以一定要想尽一切办法把孩子和网络隔绝开来。

但作为老师，我却在开学之初反其道而行之，在课堂上推荐了两款在线使用的APP，还有两款网络工具书。

两款在线使用的APP是《新华字典》和《现代汉语词典》的应用程序版。这两本书是中小学生语文学习必备的工具书，中高考涉及的关于字词的音形义的考查，会以这两本权威的工具书为准。

之前只有纸质版，而最近一两年则顺应形势，增加了 APP 版。

APP 版功能更为强大，不但具备了原来纸质版的全部功能，而且还针对用户的网络使用习惯，开发了许多新功能，更便捷，更实用。因为这两款 APP 是在原来纸质版的基础上开发的，所以在权威性上没有任何问题，在一定程度上甚至可以替代相应的纸质工具书。

除了这两款在线使用的 APP 之外，我还给学生补充介绍了两款常用的网络工具书，一款是《汉典》，另外一款是《国学大师》。

之所以要补充，是因为这两款网络工具书，虽然不能完全代替《新华字典》和《现代汉语词典》，但它们在相当程度上弥补了前两种权威工具书的不足，有更为丰富的信息可供查阅。

比如，《汉典》中就提供了《康熙字典》《说文解字》等书对某个字的解释，还有相应的字源字形的流变展示等，有相当一部分是在《新华字典》和《现汉》中查不到的内容。而学习一个字、一个词，不仅仅要掌握音形义，还应该注意“字源”“语境”等方面的问题，《汉典》在这方面提供了更为丰富的汉字源流信息，以及更为丰富的经典语境。

与《汉典》相比较，《国学大师》的功能更为强大，不仅仅有《康熙字典》《说文解字》等常用工具书，还提供了《汉语大字典》《古汉语字典》《甲骨文字典》《经籍籑诂》《故训汇纂》等近 60 种工具书。但从界面上来说，不如《汉典》用起来便捷。

为什么要推荐两款网络工具书，而不是一款呢？一个原因是两者各有优势，想要相对简单快捷地了解某个字某个词，可以用

《汉典》；而想要更深入地研究，则可以用《国学大师》。另外一个原因是使用工具书和一般的信息检索一样，只有一个信息源远远不够，还应该有更多信息源作为参照。比如，关于某些汉字字源的解释，两者的说法就有不同，需要通过自己的判断择优选用。

我在给学生介绍这些网络工具书时，有一部分学生就反映他们的爸爸妈妈不让他们使用手机或者网络。于是，我给他们讲了《荀子·劝学》中的一段文字。

“登高而招，臂非加长也，而见者远；顺风而呼，声非加疾也，而闻者彰。假舆马者，非利足也，而致千里；假舟楫者，非能水也，而绝江河。君子生非异也，善假于物也。”

“君子的资质秉性跟一般人并没有不同，只是君子善于借助外物罢了。”我们应该树立一个意识，那就是网络和手机是工具，在本质上和农民用的锄头、工人用的锤子并无不同。这些东西对我们来说是外物，我们应该学会使用它们，让它们为我们服务。

我对学生们说：“你们是互联网的原生代，应该学会使用互联网，应该拥抱互联网，而不是和互联网完全隔离开来。要通过使用互联网，学会搜索资料，学会整理资料，学会去伪存真，学会去粗取精。这些本领，不是说你们长大了自然就能学会，需要从小就培养这种意识，锻炼这种能力。”

我们都熟悉“大禹治水”这个故事，但很少有人会从大禹的父亲鲧采用“堵”的办法治水失败的经历中吸取教训，更不用说从大禹采用“疏”的办法治水成功的过程中借鉴经验。所以很多人一遇到问题，第一想法还是“堵”。殊不知，现在“堵住”了，那将来呢？一些学生上了大学，父母管束鞭长莫及时，便疯狂玩游戏以补偿之前的某种缺失，由此导致学业完全荒废，甚至彻底成为“废人”，这样的情况也不在少数。

很多事物都有两面性，是双刃剑。菜刀可以切菜，也可以伤人，不能因其能伤人，就废弃不用，改用手掰菜。可以倒掉洗澡水，但不能同时把孩子也倒掉。

农民不会拒绝使用拖拉机耕地，工人不会拒绝使用车床制造产品，没有人会愚蠢到在人工智能时代非要回到刀耕火种的生产方式中去。我们的学生也不应该拒绝使用更为先进的学习工具，正所谓“工欲善其事，必先利其器”。

其实，《荀子》中还有一句话，可以作为我们对网络、对手机的一种态度：“君子役物，小人役于物。”用现在的话来讲，就是可以使用手机和网络，但是不能沉溺于手机和网络，或者更简单来说，“可以玩手机，但不能被手机玩”，这句话是我的一个同事在教导学生时做的精辟总结。

一个人沉迷于手机，沉迷于网络，这不是手机的错，不是网络的错，而是人本身的错。要纠正这个错误，从学生个体来说，要增强自律意识；从家庭教育来说，要有意识地调整亲子关系；从学校来说，要教会学生正确的使用方法。

大方向、大原则把握住了，自然会在大方向、大原则的指导之下，想出很多具体办法来，兴利除弊，扬长避短。如果方向和原则错了，那行动越“有力”，错误就越严重，危害就越深远。

假期：不要把假期变成另一个学期

每到寒暑假，我经常在微信中看到这样一则广告：

上联：不怕同桌是学霸。

下联：就怕同桌放寒（暑）假。

横批：差距越拉越大！

有人这样问："寒暑假不学可以吗？我想让孩子休息下。"

"其实学习过程就像是800米跑道——春秋是直道，寒暑是弯道。在直道上大家都在学习，很难拉开差距，只有弯道才可能赶超。而寒（暑）假正是难得的追赶与超越的时间！有人利用弯道超车，有人却在弯道被超越。"

人生就是如此，当你停下来沾沾自喜，你就已经不再优秀！

×××补习班助你一臂之力。

有多少家长，在孩子还没有放假的时候，就已经给孩子报上各种假期补习班了呢？

有多少家长，早早买了一大堆考试练习辅导书，就等着孩子一放假，立刻把时间排满，要求孩子每天必须完成多少页了呢？

有多少老师，在学生还没有放假的时候，就已经准备了各种假期作业，放假前一天，雪片一样的练习卷子和薄薄厚厚的各种假期练习册，便飞到学生手中呢？

有多少孩子对自己的假期能够有一个自主的规划和安排呢？

我小时候放寒暑假，那是真正的寒暑假，一个悠长的假期。但现在的情况却变得大不相同，很多学生假期里甚至比平时上课还忙。他们中的一些人不但不盼望假期，甚至患上了假期恐惧症。

这真是一件可怕的事情。弯道超越，听起来多美妙，多具有蛊惑力啊。但是，这些人有没有想过，人并不是机器！即使是机器，也不是加了油、通了电，就能一天二十四小时、一年三百六十五天不间断运行，也需要定期停下来检修一下。

看看下面一段出自《孔子家语》中的师生对话：

子贡观于蜡，孔子曰："赐也，乐乎？"对曰："一国之人皆若狂，赐未知其为乐也。"孔子曰："百日之劳，一日之乐，一日之泽，非尔所知也。张而不弛，文武弗能；弛而不张，文武弗为。一张一弛，文武之道也。"

——《孔子家语·观乡射第二十八》

如果看不懂，没关系，可以看看下面的译文：

有一次，子贡参观完十二月合祭百神的祭礼，回来后拜见孔夫子，孔夫子于是问子贡说："赐，你觉得快乐吗？"子贡答道："一国的人都高兴得发了狂似的，可是我并不觉得有什么可快乐的。"孔子微笑着说："百日的劳苦，一天的欢乐，这是君主的恩泽，不是你能了解的啊。每日紧张劳苦却不休息，就连文王、武王也办不到；而只放逸享乐却不努力，文王与武王也不会这样做的。能够劳逸结合，有紧有松，才是真正的文武之道啊！"

古人的智慧是"文武之道，一张一弛"。我们现在却觉得每时每刻都需要加速，加速，再加速！好像时时刻刻都要"张"着才行，一旦"弛"下来，内心就有一种愧疚之感。

我们不妨适当停下脚步问问自己，如果一直这样"张"着，我们能坚持多久？我们"张"着的目的是什么？

当然，我这样说，并不意味着假期就可以除了吃、吃、吃之外，就是睡、睡、睡和玩、玩、玩，还是可以有一些更为合理、更有"度"的安排。

先要有一个假期的时间表。可以安排得比平时上课松弛一些，不用像平时起来得那么早，要保证睡眠，但也不能一直赖床。凡事有度，是要补一补睡眠，但是过犹不及，睡得过度了会让一个人昏昏沉沉。

接下来就要找一些自己喜欢的书来看，这些书要有一定的难度，但自己又能够读下来，而且能够有相当的收获。不一定是老师或者考试指定的那些所谓名著。为了找到这些适合自己的书，可以每天到图书馆或者书店去泡上一段时间。

还要安排一项体育运动，平时学校每天有一小时运动时间，放假也不应停下来。可以强化自己喜欢的运动，让这一项运动能力得到进一步提高；也可以从头开始，学习一项新的运动，让自己的运动生活更为丰富多彩。

可以去看看电影。不一定要去影院，不一定要看流行的大片，可以看看电影史上的那些经典电影。

还可以来一个说走就走的旅行，去看看外面的世界。世界那么大，不妨去看看。

还可以去参观各种博物馆，看各种专题的艺术展览，提升自己的艺术和审美的素养。

还可以帮爸爸妈妈干点活，分担点家务。

以上我提到的似乎大多是城市里的孩子可以做的事情，他们相对来说有比较便利的条件。那农村的孩子可以做什么呢？我想，除了帮爸爸妈妈干一点活，分担一点家务，还可以来到大自然中，在野地里“撒点儿野”。也可以拜访同村的老年人，听他们讲一讲神话传说，或者本乡本土的逸闻逸事……

总之，学生在假期里能做的事情非常之多。不要把学习定义得非常狭隘，不要觉得只有完成作业、做练习才是学习。不要让假期成为另一个学期。要知道世事洞明皆学问，人情练达即文章。

英国教育家怀特海在他的名著《教育的目的》中说：“教育只有一个主题，那就是丰富多彩的生活本身。”对此，我深以为然。

择校：缓解焦虑的关键是扫除未知

因为在一线当老师，而且是很多人眼中的重点学校的老师，所以，常常会有朋友打电话来问起小孩上学的事情。不仅仅朋友，还有朋友的朋友打电话来问，甚至是朋友的朋友的朋友……孩子的年龄段从幼儿园到高中不一而足，更有“奇葩”的，孩子刚刚上幼儿园，就打电话来问我：怎么才能上你们学校，上你们学校的初中或者高中需要什么条件？这想法可真够长远的。

这些来电咨询的朋友，都充满焦虑，把我当成了《十万个为什么》，要从中找到答案。不过还好，每次一通电话之后，我都能够在一定程度上缓解他们的焦虑。最初我不太能理解为人父母的这种焦虑。后来，我儿子一岁多的时候第一次发烧，我找了一个在儿童医院工作的家长帮忙挂号看病，家长看了看孩子，很淡定地说没事儿，过两天退烧了就好了。但我看着孩子烧得红扑扑的小脸，还是非常焦虑。这时候家长问起他孩子的学业来，说语文学不好怎么办，上课不听讲怎么办，将来上什么学校，等等。这回换他焦虑、我淡定了，我给他摆事实讲道理，掰开揉碎来说一说，感觉他的焦虑情绪虽然有所缓解，但没有消除。

经过这件事，我忽然明白了，原来我们的焦虑来源于对某一个事情的未知。因为未知，所以缺乏掌控的能力；因为不能掌控，就担心事情脱离预期的轨道，由此，焦虑在所难免。

我准备写上学择校这个话题已经有一段时间了，也思考了一段时间了，但是，一旦写起来，依然觉得不好把握，因为这个话题实在太大，涉及的因素实在太多：公办学校、私立学校、在家教育；小学、初中、高中；家庭、学校、社会；时间成本、金钱成本、体力精力；甚至会牵涉到雾霾、性别、每一个孩子的个性等等，这诸多因素排列组合起来，具体到每一个孩子，可以说需要考虑的各种因素数量之多，一定非常惊人。

因此，这篇文章不可能面面俱到，我只能择其要，大略来说说以下几点：

首先，要考虑家庭的经济状况。

“再穷不能穷教育，再苦不能苦孩子”，这句话具体到每个家庭，就转化成了扎扎实实的行动，为培养一个孩子不遗余力。很多家庭把培养孩子当成一笔投资，期待更大的回报，甚至为了这个不可预期的回报“砸锅卖铁”，这种不惜代价的非理性教育投资行为，不仅仅带给家庭中的成人巨大的生活压力，甚至牺牲了最基本的做人的尊严，实际上也带给家庭中的孩子以巨大的压力，让孩子觉得自己如果不能出人头地，就对不起父母，这样的心理重压，常常会造成灵魂的扭曲。

教育投资不是为了有巨大的回报，如果非要说回报，那最好的回报就是孩子成长为一个独立、完整、健康的个人，而不是一个只会工作的赚钱机器。因此，教育投资要根据家庭的经济状况量力而行。

其次，要考虑孩子未来的求学道路。

这是一个大方向的问题：是准备让孩子将来出国读书，甚至出国工作；还是准备在国内读书，在国内找个踏踏实实的工作？道路不同，所需要的准备就会有所不同。比如，这两条道路对外语的要求是不同的，虽然随着互联网时代地球村的到来，即使在国内也应该懂一些外语，但到了国外，对于外语的要求更高，因此，就需要提前有所准备。

当然，这两条道路除了不同之外，也有相同之处。比如，孩子最基本的会做人、会求知、会办事、会生活的能力，无论在地球的哪个角落都是需要的。

再次，要考虑不同类型教育的优缺点。

公立教育、私立教育、在家教育等，各有各的优点，也各有各的不足。公立教育相对收费较少，学生的基础也打得比较扎实，在应试方面，有比较独到有效的办法，但相对来说，学业负担较重，在激发和保持学生的求知欲方面普遍做得不够。私立教育收费较高，学生解决实际问题的能力比较强，学业负担较轻，能够较好地激发和保持学生的求知欲，但基础方面不是很牢固。在家教育更能够因材施教，但家长即使有能力给孩子提供各个不同学科的教育，如果孩子和同龄人接触不足，在一定程度上会导致人际交往能力的缺失。

每个家庭要根据自己的需要有所取舍，当“鱼与熊掌二者不可得兼”的时候，舍什么，取什么，就不仅仅需要智慧，也需要相当的勇气了。

最后，教育的第一要素永远都是家庭。

父母不仅仅是孩子的第一任老师，也是孩子一生的老师。为人父母，无论多有钱，也不要觉得自己可以用钱购买到孩子教育所需要的一切。身为父母能为孩子做的事情，不是花钱就能买到的，孩子需要“陪”，更需要“伴”。如果父母本身是爱读书的人，孩子也会爱读书；如果父母本身是修养很好的人，孩子也会成为修养很好的人，这都是大概率事件。反之，如果父母不爱读书，本身修养有问题，孩子厌恶读书、出口成“脏”也是一个大概率事件。

总之，教育上的事情，宜慢不宜快，宜迟不宜早，宜拙不宜巧。有时候，慢一点，迟一点，拙一点，看似落后在起跑线上了，但人生是一场超长的马拉松，我们还有很多机会去不断调整，如果用力过猛，太快、太早、太巧，则可能后悔莫及，想要调整都没机会了。看看每一年中高考之后的社会新闻，你就知道我说的是什么了。

当然，慢、迟、拙，不意味着没有行动，该有行动还是要行动。敢问路在何方？路在脚下。要一步一个脚印地走，不仅仅要动脚，更要动脑。子曰：“多闻，择其善者而从之，多见而识之。”可见，“多闻”“多见”非常重要。

升学：升学志愿到底谁说了算

“有钱难买我乐意”，这是一句俗语，甚至可以说，这句话在一定程度上是“话题终结者”，双方聊天话不投机，某一方忽然来一句“有钱难买我乐意”，潜台词是“我乐意，你管得着吗”。这样简简单单一句话，一下子就占据了话语上风。

这个“我乐意”，在这种话不投机的聊天场景中，看起来有一点儿不讲逻辑，不讲道理，完全是要吵架的架势，还是少用为好。双方发生意见分歧时该讲道理讲道理，只有道理上讲不过别人或者干脆就没有道理的人，才会摆出“我是流氓我怕谁”的架势。

不过，话又说回来，换另外一个场景，这个“我乐意”，我则以为再重要不过了，没有任何理由比这个理由更充分、更站得住脚了。

什么样的场景呢？填报志愿。

中考结束了，高考结束了，紧接着就是报志愿的问题。这个问题不仅仅学生自己纠结，家长更为纠结。

中考相对来说还好，毕竟只涉及报考哪所高中的问题。一般而言，在自己分数所能达到的范围之内，哪所高中更好就报哪所，去哪所高中将来更有可能进入更好的大学就报哪所，所以纠结程度没有那么严重。

但是，报高考志愿，这个问题就严重了，不仅仅纠结分数的问题，还要纠结在这个分数范围内报考哪所学校、报考哪个专业的问题，就仿佛来到了一个巨大的商场中，商品琳琅满目，简直是要挑花了眼。

哪怕是钱足够，也要比较一下买哪一个商品更好。具体到填报志愿来说，即使分数足够，也要考虑哪所学校、哪个专业更好。

这时候问题就来了：是要尊重孩子的选择，还是要偏向于家长的选择，抑或是两者适度兼顾呢？

绝大多数学校的绝大多数学生，在高中阶段唯有一个目标，就是在高考中拼命考一个好成绩，上一个好大学。至于上哪所大学，上哪个专业，在报考之前从未考虑过，有生涯规划指导的学校少之又少。所以，绝大多数学生对选择什么学校、选择什么专业，完全是懵懂的状态。

对家长而言呢？这也是一个大问题。家长总希望自己的孩子在未来几十年内都能够平安顺遂，在专业选择上，他们又有什么样的判断呢？基本上很难跳出自己的经历，很难跳出功利的选择。他们一方面考虑某个专业是否热门，孩子学这个专业未来是否好找工作，是否能挣大钱；另外一方面又要考虑将来孩子在找工作时，自己能不能动用一下人脉帮帮忙。

但是，这样的判断、这样的选择真的靠谱吗？不妨看看几十年前甚至是十几年前，那些热门的专业，到现在还热门吗？恐怕没有任何人敢肯定自己的预判是对的。而且，作为家长，难道孩子达到你这辈子的高度你就满意了吗？不会的，绝大多数家长总希望一代更比一代强，那么，你就务必要认识到一个问题：在你所未经历过的事情上，你很难给你的孩子正确的指导。

孩子和家长都可能在专业选择上有这样或者那样的短板，该怎么办呢？我的意见是，先听听孩子的意见，看看他在高中有限的经历中，更喜欢哪个学科，觉得自己可能对哪个学科更有兴趣探索下去，这才是最重要的一件事。

2020 年高考结束后，湖南耒阳的留守女孩钟芳蓉以总分 676 分的成绩被北大录取的新闻颇受关注。之所以受到关注，不仅仅是因为留守女孩考上了北大，更因为她报考了北大考古专业。很多人评论说，考古专业是个冷门专业，将来不好找工作，挣钱养活自己也是个问题，有些人恨不得要为这位同学的选择扼腕叹息。但是，这个女孩的父母却比较开通，完全尊重她的选择，因为钟芳蓉对历史更感兴趣，愿意以考古学家樊锦诗为榜样。

我们常说“兴趣是最好的老师”，但是，在学习上也好，在择业上也好，常常完全把兴趣抛掷在一旁，让位于功利主义了。

这种功利主义的选择，短期看似乎利大于弊，但长期看一定弊大于利。一方面很可能因为不感兴趣，所以无法坚持下去，每一年总有不少学生选择从大学退学重考，就是一个明证。另一方面，可能虽然硬着头皮做下去，但是因为自己不感兴趣，所以无法达到更高的水平，这样的例子更是比比皆是。

其实，不管是什么专业，无论有多冷门，只要自己感兴趣，愿意不断钻研，总能努力做到更好，一旦做到了金字塔的塔尖，无论这个专业有多冷门，都不用担心什么工作乃至谋生之类的事情了。

从这个意义上来说，还真的是“有钱难买我乐意”，不是不在乎钱，而是“钱”只是“我乐意”的副产品而已。

下篇

PART 4

第四章

“大语文”时代，让孩子爱上阅读

近些年，“得语文者得天下”“得阅读者得天下”等说法，在各种媒体上广为流传，这确实吸引了很多人的眼球，也击中了很多人的痛点。阅读不好怎么办？有没有一个好办法，可以很快把阅读水平提高上去呢？是不是只有语文学科需要阅读，其他学科不需要阅读？是不是阅读不好只需要补阅读就行，阅读和写作没什么关系？是不是只要读考试规定的名著，其他书不需要读？是不是只需要读现代名著，不需要读古诗文？是不是读得越快越好，越多越好？太多太多的问题在家长和学生心中萦绕，他们总想立刻就能够抓住一根救命稻草，要立竿见影才好。于是，各种关于阅读的培训应运而生了，各种关于阅读方法的书籍大热了，各种关于阅读的练习开始刷起来了。然而，这能从根本上解决阅读的问题吗？很遗憾地告诉你，不能！很多时候那不过是扬汤止沸而已。非但不能从根本上解决阅读问题，反而可能是饮鸩止渴。加法和减法不但是教育中的大问题，也是阅读中的大问题。在阅读过程中，什么时候做加法，什么时候做减法，值得细细揣摩。其中包含了一个奇怪的悖论：当我们一味做加法的时候，反而是最慢的；当我们学会做减法，反而快起来了。

阅读能力和所有学科息息相关

初一期末考试期间，我看到有个学生发朋友圈吐槽：

“我这个语文渣渣这两天考了三场语文。历史考试考了一大堆根本看不懂的文言文，阅读量简直比语文还大……政治考试我写了好几篇小作文（这真的很锻炼考场硬编的能力），还考了几句古诗词。历史卷子做起来有一种发自内心的绝望感，明明知道答案在哪里找，但就是读不懂。”

其实，这位同学是个“学霸”，我们从这些吐槽中不难看出，其中既有自嘲，也有非常难得的自省。

那么，遭到疯狂吐槽的期末历史试卷、政治试卷，是什么样的呢？

不得不说，这位同学的朋友圈发早了，在考完历史、政治之后，就发了朋友圈。其实，看看地理、生物甚至数学，哪一个不是在“考语文”呢？

在某种意义上可以说，除了英语不是在“考语文”，其他学科都是在“考语文”，都是在考阅读。英语实际上也是在“考语文”、考阅读，只不过是换了一种语言，考英语语文、英语阅读而已。

语文学不好，阅读水平不高，应对这些学科的考试，真的会难上加难。当然，这些科目如果考不好，语文老师不应该“背锅”，也“背”不动这么多“锅”。不过，要高度重视阅读能力的培养倒是真的。

关于阅读能力的培养，主要涉及三个方面的问题，即读得快、读得懂和读得透。

先说“读得快”。

从试卷文字量上来看，各科试卷的文字量都有逐年增加的趋势。与十几年前相比，少则增加了五分之一，多的甚至增加了三分之一。而且，这还只是同年级的比较，越往高年级，试卷的文字量越大。

学生如果读得慢就会影响答题速度，甚至根本答不完试卷。只知道读得快的原则和方法远远不够，还需要大量阅读实践。“连滚带爬”地读也好，囫囵吞枣地读也好，没有大量阅读实践，想要读得快几乎没有任何可能。

《义务教育语文课程标准》(2011版)规定，九年义务教育期间学生的课外阅读总量应在四百万字以上。但实际上，要想真正适应目前考试阅读量大幅增加的状况，个人以为应该在这个基础上至少增加五到十倍。

实际上，即使增加十倍，到四千万字以上，平均每年不过四百万字，平均每天不过一万余字而已，对热爱阅读的学生来说可以轻松完成。

再说“读得懂”。

读得懂，也要建立在大量阅读的基础之上。所谓见多识广，阅读也是如此，不要妄想着有一个什么公式，记住了这个公式就可以读懂一切了。

在语文考试中，常常有通过人物的神态、动作、语言等推知人物心理的问题。但是，你不能指望着老师告诉你某一个动作就对应着某一种心理。因为阅读材料的语境极为丰富，无法像一加一等于二那样，用一个答案涵盖全部情况。

比如，挠头这样一个动作，可能是表示遇到了困难或者麻烦，也可能表示对某些事情感到尴尬，或者是觉得有一点儿害羞，甚至可能只是单纯地头皮发痒而已。这些都得通过具体语境来判断，不能想着死记硬背答案。如果读得多了，自然就很容易判断，读懂不是难事。

当然，要做到“读得懂”确实需要一些方法指导。但是，又不要过于迷信方法，方法指导得再到位，如果没有大量阅读实践作为支撑，也不会有什么好效果。不要总是想着“一巧破千斤”，其实更多时候应该是“一力降十会”。

最后说“读得透”。

要想做到读得透，需要各种材料的对比，仅仅依靠一个材料、读一点点内容是无法读得透的。很多事情或道理，都是在比较之中，变得更为清晰、更为显豁的。

以诗歌阅读为例，仅仅记住“床前明月光”写的是思乡，这远远不够，仅仅记住月亮常常和思乡有关，这也远远不够。至少要有那么几十首有关月亮与思乡的诗歌的积累，才可能对此体会更深。

同时，也要知道并不是只要一提月亮就是思乡。比如，“明月几时有，把酒问青天”“青天有月来几时，我今停杯一问之”“江畔何人初见月？江月何年初照人？”等等，虽然写月，但重点不在思乡，而是关于人生、关于宇宙的更深邃的思考和追问。

那么，如何才能做到读得快、读得懂、读得透呢？我以为至少应该做到以下四点。

第一，要给孩子充足的阅读时间。

很多成人对孩子的学习，在认知上有一个常见误区，觉得只有规规矩矩地趴在桌子上做一个又一个的练习题才是学习。如果只是看看书，则说不上是学习。于是，当孩子拿起书要阅读时，家长没收书，老师没收书，各种“闲书”就更不准看，这个思路和做法实在是大错特错。

要给孩子充足的阅读时间，要明白不是只有读名著才叫读书，更不要认定为了应对考试的名著阅读题而读名著才是学习。要让孩子多看各种各样的书，甚至是一些我们认定的“闲书”。点滴阅读积累的背后，都是在潜移默化中提升水平，扩展知识，深化情感。

阅读是最好的学习。阅读是主动的吸收，而不是被动的接受。信息时代，阅读的重要性会越来越被强化。无论是现代文的阅读还是文言文的阅读，要求都会越来越高。

要从小学阶段开始培养孩子的阅读兴趣，养成阅读习惯。阅读兴趣的培养和习惯的养成，越到高年级越困难。只有日积月累方见功效，没办法立竿见影，没有任何终南捷径可走。

第二，要打破科目学习间的壁垒。

一提到阅读，很多人就觉得这是语文的事。具体到语文阅读本身，很多人又习惯性地将阅读局限在文学名著阅读上。其实，这些想法都是不对的。阅读本身的概念应该非常宽泛，不仅仅是文学作品的阅读，也不仅仅是人文著作的阅读，还要包含自然科学书籍的阅读，等等，所有的阅读都是阅读。

目前，学科与学科之间的教学联系不够紧密，缺乏必要的协调。有些学科老师甚至会自觉不自觉地把自己的学科与其他学科在一定程度上“对立”起来，总是要和别的学科抢时间，觉得只有让学生花更多的时间在自己所教的学科上才行。

事实上，很多学科的内容是交叉的，要有意识地打破学科之间的壁垒才行。试想，学生在读一本生物或者物理方面的科普读物时，仅仅是对语文阅读水平的提高起作用吗？显然对生物或物理学习本身也有很大的促进作用。

语文老师应该鼓励学生读与其他学科相关的读物，其他学科的老师也不要因为学生阅读理解不过关做错了题而怪罪于语文学科。促进阅读水平的提高，应该是所有学科教学的共同任务。

不管是老师还是学生，都要强化这个意识：不再条块分割地学习，而要想办法互相融通，互相促进。

第三，要广泛关注社会时事和现实生活。

“风声雨声读书声声声入耳，家事国事天下事事事关心。”

这副对联大家都非常熟悉，很多人非常喜欢这副对联，对其中所谈的道理也甚为服膺，觉得理当如此。但到了实际的行动中，却又和对联的主张完全脱节了。不管外界风雨如何，只管埋头于各种练习题之中；不管家事国事天下事，只管眼前考试这点儿事。

事实上，仅就应对考试而言，我们也应该非常清楚地看到，在当前的考试中，不管是语文学科，还是其他学科，都有大量和生活相联系、和时事相联系的试题。如果学生平时埋头于练习，一门心思应对考试，不关心现实生活，不关心时事政治，到考的时候又很陌生，这是不行的。

关心现实生活，关心时事政治，是学习本身就应包含的内容。当然，既要睁开眼睛看这纷繁复杂的世界，对每天发生的各种事件有所了解，又不能掉进信息的海洋中不能自拔，还要系统、深入地学习一些经典，才能使得认识更为深入。这实际上涉及涉猎与精读的关系这一永恒的阅读话题。

第四，要理解阅读和写作的关系。

阅读是输入，写作是输出。要想有输出，必须先输入。对学生而言，要想输出的数量大、质量高，输入也必须跟上，要更多更好才行。

仅就考试而言，不仅语文作文需要写作，各种问答题、阅读题也都需要写作。也不仅仅是语文学科需要写作的能力，其他学科也需要写作的能力。这些能力从哪里来？不是讲一讲方法、讲一讲规范就行，必须先有阅读的输入才行。

“巧妇难为无米之炊”，这个基本的道理要明白。有了“米”，想要做得精，还要多向别人学习才行，这个道理也要明白。学生在答题过程中出现的语言表达逻辑断裂、前言不搭后语的问题，归根到底，是阅读水平偏低的表现。

抛开考试不谈，学生将来走向工作岗位，走向更广泛的生活，更需要写作的能力。写作有时候能帮助我们表达思想、宣泄情感，有时候就只是为了写个方案、做个总结之类。但无论如何，写作能力都必不可少。

头脑空空，是不可能有写作能力的。通过大量阅读充实头脑，“站在巨人的肩膀上”，写作的材料才可以源源不断，信手拈来，表达上也才能够更精确。

《论语》中孔子有言：“人无远虑，必有近忧。”《朱子治家格言》中说：“宜未雨而绸缪，毋临渴而掘井。”

同学也好，家长也好，老师也好，在阅读这个问题上，都要先在认识上做到位，然后扎扎实实地做好阅读实践，这样考试时才能不掉到坑里，才能稳坐钓鱼台。

语感是语文学习的第一要务

感觉这种东西看不见，摸不着，但又真实存在。开车需要“车感”，打球需要“球感”，游泳需要“水感”，语文学习也需要语感。

培养良好的语感是语文学习的第一要务。很多语文问题，其实都可以归结为语感问题。题做不对，不仅仅是因为不懂得做题的套路或者做题的技术，根子上是因为语感有问题。为了将抽象的问题形象化，不妨举几个具体的例子来说明。

【例一】

结合语境，填入横线处最恰当的一项是（ ）

北京奥运会的圣火跨越了千山万水，传遍了五洲四海。无论哪个民族、哪种文化、哪种信仰的人们，都会从奥运圣火的传递中，感受到它彰显的进取精神，领悟到它承载的友谊信息，体会到它倡导的和平宗旨。“圣火”的传递，________。

A. 让世界各地了解北京奥运，把世界人民汇聚到五环旗下

B. 表现了北京奥运会的特色，把世界人民汇聚到五环旗下

C. 让世界各地了解北京奥运，弘扬了和平与友谊的奥运理念

D. 表现了北京奥运会的特色，弘扬了和平与友谊的奥运理念

上面这道选择题是北京市 2008 年中考语文的第 3 题，该题堪称史上最难的一道选择题。根据官方公布的试题分析评价数据，考生当年在该题上的得分率仅为 0.1。这是个什么概念呢？换一个说法，这意味着十个人中只有一个人答对。一般来说，得分率在 0.3 到 0.5 的都算是难题，极少出现得分率在 0.3 以下的题目。

我在一些地方给语文教师做培训时，也常常拿这道题做例子。这道题，即使是让语文老师做，根据我粗略的统计，得分率也就百分之七八十而已，每次总会有至少百分之二三十的老师做错。可见，该题在语文老师那里也算是中等难度的问题了。

说到这里，我建议正在看文章的你，返回去认真看一下这道选择题，自己也尝试着做一做，看看能否答对。

下面我从语感角度做一点分析。这道题其实不用看前面的文段，只要看选项，就能迅速排除其中的两个，那就是 B 和 C。

B. 表现了北京奥运会的特色，把世界人民汇聚到五环旗下

C. 让世界各地了解北京奥运，弘扬了和平与友谊的奥运理念

为什么这两项会被排除呢？因为这两项在句式表达上就让人感觉别扭，“表现……把……”和“让……弘扬……”给人的感觉

非常拧巴。汉语讲究整齐之美，所以在表达上常常追求句式的整齐一致。所以，应该要么是“表现……弘扬……”，要么是“让……把……”，而绝不能杂糅在一起。

那么，A 和 D 哪一个是正确的选项呢？我们可以比较一下这两个选项。

A. 让世界各地了解北京奥运，把世界人民汇聚到五环旗下

D. 表现了北京奥运会的特色，弘扬了和平与友谊的奥运理念

两相比较，A 选项更为宏观、更为上位，而 D 选项则具体一些、下位一些。所填的语句在原文语段中要起到总结、综述作用，一般总结、综述的语句都应该宏观、上位一些，所以从语感上来说就应该选 A。

当然，这道题也可以从语法角度做一些分析，关注对应关系前后一致问题，然后选出正确的答案，依然是 A 选项。但是，这样的语法分析，或者说做题技术，其实远不如语感来得迅捷。

【例二】

一天，在回家路上，儿子对我说：“爸爸，我的一道阅读题被扣分了，可是我觉得我的答案是对的。”我就让他具体说说是怎么回事。

原来，这是一篇关于天花和牛痘的小短文。其中有一道题所给的参考答案是：“消灭天花的法宝是接种牛痘。”我儿子回答的是

“消灭天花的法宝是牛痘”，因为缺少“接种”二字，被扣了1分。

儿子要我这个当语文老师的老爸来评价一下该不该扣分。我给出一个模棱两可的答案，说可扣可不扣。他对此不太满意，又进一步说了他的理由。

“爸爸，你说应该说‘长眉老祖打败邪魔外道的法宝是火云链’还是‘长眉老祖打败邪魔外道的法宝是使用火云链’呢？这里的法宝不应该是火云链吗？怎么能是使用火云链呢？”

他举的这个例子让我很惊喜，最近一段时间他在读还珠楼主的武侠名作《蜀山剑侠传》。加上他之前读了很多很多的书，慢慢地开始形成自己的语感了，而且，他的语感变得越来越好了。

那么，是不是说“法宝”和“接种牛痘”搭配就一定是错的呢？也不是的，如果把“接种牛痘”看作一种手段、一种方式，那么就可以作为名词来对待，因此，这样的用法也未尝不可。

我在“BCC语料库”中也查到了类似的用法：

从北京几家儿童医院传来的信息显示，秋季成为小儿感冒、肺炎和气管炎的高发期。对此，专家指出，家长只要掌握两大法宝——勤换衣、多喝奶，就能让宝宝轻松过秋天。(《人民日报》海外版2003年10月18日）

当然，在更多的情况下与“法宝”形成对应搭配的是名词，而不是动宾短语。

我儿子没有任何语法知识，不具备任何语法分析的能力，但他因为大量阅读而具备了良好的语感，能从语感上感知到这个惯常的搭配。从一定意义上来说，这是比语法分析更高端也更有效的语文学习方法。

【例三】

Tom and Jack（ ）playing basketball.

A.am　　　B.is　　　C.are

“Tom and Jack is……”儿子磕磕绊绊地读着。

“是 is 还是 are？”当翻译的妈妈声音里明显含着愠怒。

“Tom and Jack is……”儿子又读了一遍。

“到底是 is 还是 are？”妈妈已经完全压不住火气了。

“is？不对。are？不对。应该是 is。不对，还应该是 are。”儿子嗫嚅着，语气中带着不确定和询问。

“什么时候用 is？什么时候用 are？”妈妈强忍着怒气。

“单数的时候用 is，复数的时候用 are。”因为妈妈曾经反复强调英语的这个语法规则，所以他很快就能答出来。

“那汤姆和杰克是几个人？是单数还是复数啊？”冷静下来的妈妈开始讲道理。

“是两个人，是复数，所以应该用 are。”儿子说完这个，看着妈妈紧绷的脸开始松弛下来，才如释重负。

他不知道这个语法规则吗？他故意做错吗？显然都不是，因为谁也不想被别人吼。但为什么就错了呢？其实说一千道一万，还是读得太少。如果语感不够，想靠语法来凑，那肯定是不行的。

作为旁观者，我忽然想起来我在上初中时年级里的英语学习“大神”了，同学问他英语选择题，他瞬间就会告诉你正确答案是什么。然后你再问他为什么，为什么选这个不选那个，他的口头禅就是：“这个读着顺口，那个读着硌牙。”

我们当年是想知道这些题目在语法上是怎么回事，但人家“大神”早已经超越了这个阶段，进入到无招胜有招的境界，依靠语感就足以解决问题了。

英语学习如此，语文学习也是如此，语言学习都要以培养良好的语感作为首要目标。如果把大量时间花在刷各种练习题、做各种卷子上，那实在是缘木求鱼，本末倒置了。

那么，良好的语感从哪里来呢？当然要从大量读书中来。

在《义务教育语文课程标准》中有明确的规定，学生从小学到初中毕业，九年时间内的课外阅读量应该达到400万字以上。这个数量多吗？说实话，真的不算多，大约相当于20本初中语文课本而已。

但学生完成的情况如何呢？还真不容乐观，可能有相当一部分学生平均每年阅读量连20万字都不到。也有另外一部分人，虽然数量上是达到了，甚至大大地超越了，但他们读的是什么呢？穿越、玄幻、修仙，各种网络小说，结果可能是越读越坏，虽然也有语感了，可惜那些语感都是错误的，“取法乎下”，最终只能“得之下下”。

《文心雕龙》中说：“凡操千曲而后晓声，观千剑而后识器。”

不但要“操千曲”，要“观千剑”，而且，“曲”要是“名曲”，“剑”要是“宝剑”，唯有如此，才能“晓声”，才能“识器”。良好语感的形成也是如此，没有任何捷径，只有大量阅读高质量的书籍这一条道路可走。

通过大量的高质量阅读养成良好语感，对语文学习极其重要，甚至可以说，有了良好的语感，就足以“碾压”考试。用语感“碾压”考试，“它不香吗”？可为什么仍然有很多人宁愿去补课，去刷题，去寻找各种解题套路，而不愿意踏踏实实多读书培养语感呢？

原因很简单，语感培养是一个缓慢的过程，不能立竿见影。所以相当一部分学生宁愿刷题，也不愿意扎扎实实阅读；宁愿学习各种套路，也不愿意日积月累培养语感。而更可悲的是，这样一些做法，在急功近利的今天，得到了相当一部分家长甚至老师的支持，非但支持，而且火上浇油。

殊不知，这样的做法看似立竿见影，实则饮鸩止渴。在学习套路的同时，其实自己也“被套路”了。

为什么有些套路听起来很巧妙，平时用起来好像也很好用，但一到考试就不灵了呢？

因为平时给学生讲套路的那些人，讲完套路之后，都是选择若干和这个套路完全吻合的习题让学生加强练习，学生用起这个套路来当然觉得得心应手。但考试时，学生没法主动提前筛选题目，只能兵来将挡，水来土掩，这时就不一定适合用这个套路了。

近些年来，语文考试从以知识为导向转为以能力为导向，任何的所谓解题套路，都可能被“反套路”。只是知其然，而不知其所以然，最终很可能让自己被套路束缚住，掉到坑里去了。

金庸小说《神雕侠侣》中的剑魔独孤求败讲究“重剑无锋，大巧不工”，追求“无剑胜有剑”，虽然是虚构的武侠小说，但其中的哲学思想却值得我们汲取。语文学习也应作如是观，用所谓的解题套路代替真正的阅读，那只能是“绣花枕头——草包一个”“驴粪蛋子——表面光”，要想真正从根本上解决问题，还是要多读书，培养良好的语感。

有了良好的语感，应对语文考试中的诸多问题，甚至都不需要任何解题方法，就足以轻松应对，简直是小菜一碟。就语文学习而言，大量阅读高质量书籍，看似很慢很笨，实则恰恰是最快最聪明的做法。这是从根子上解决问题，而不是头疼医头，脚疼医脚。

以考试为驱动的阅读，只有死路一条

最近这些年来，“整本书阅读”这个概念堪称火爆，学校里轰轰烈烈地开展整本书阅读活动，书店里摆满了整本书阅读的系列书籍，专家讲座也经常以整本书阅读为旗号。不过，在我这个一线语文教师看来，整本书阅读火则火矣，但是虚火的成分居多。

当前，整本书阅读在操作上，基本上和名著阅读画上了等号，而名著阅读又和考试阅读紧紧地联系在一起。常常是中高考规定要考哪几本名著，学校就要求学生读哪几本名著，而中高考涉及的名著，又出自《课程标准》的相关规定。所以你会发现，整本书阅读基本上是围绕着义务教育阶段以及高中阶段的《课程标准》推荐的若干本名著进行。书店里关于整本书阅读的书籍看似琳琅满目，有很多出版社都在争夺这一块蛋糕，但实际上所涉及的书，无非就是那十几二十本而已。

为什么现在非要提整本书阅读的概念呢？我以为，一个是考试的驱动，一个是利益的驱使。考试驱动，使得学生有了这方面的需求；利益驱使，使得各方为了获取丰厚的利润而争相满足学生的这种需求。因此，就有了各种所谓整本书阅读书籍的出版，就有了各种所谓整本书阅读策略培训，但这些出版和培训，通常只不过是聚焦在应对考试的方法和技巧层面，并没有从根本上解决问题。

以考试为驱动，完全违背了阅读的本心。整本书阅读不应该就是指定那几本书，因为“整本书”多矣，为什么必须是名著呢？即使是名著，从古至今，从中国到外国，名著也可谓多矣，为什么非要读那几本名著呢？这个问题恐怕没有人能说得清楚，也很难说清楚。

名著阅读是不是有了策略就能读下去呢？“仁者见仁，智者见智”，名著之为名著，正是因为无限的可解读性。无论一种策略、一种解读多么优秀，都不能代替个人的阅读、个体的体验，而现在的整本书阅读要求学生在同一个策略之下，寻求共同的标准答案，这在教育上严重违背因材施教的原则，在阅读上严重违背个性化的原则。

将名著标准化并提供给每一位学生，与把工业生产线上生产出来的标准件提供给消费者，没有任何差异，这时候名著阅读的趣味又在哪里呢？学生不爱读名著，老师又要想尽办法把名著裹了“糖衣”让学生“吃”，结果很可能是“糖衣”被“吃”掉了，“炮弹”被打回来了。

以考试为驱动的阅读，常常让名著阅读沦落为关于情节、知识点的记忆。但名著之为名著，不只在于情节，还有其他更丰富的内容，比如结构、语言等等，一旦忽略了这些，名著就仿佛榨干了水分的蔬果，只剩下渣滓，没有任何味道，令人难以下咽。

譬如读《水浒传》，金圣叹的点评固然独到，但并不能用金评代替每个人的阅读感受。此外，只是道听途说记住了“武松景阳冈打虎”这个情节远远不够，只有真正读进去，才能在小说一波三折的叙述中，感受到阅读的趣味之所在。

以考试为驱动的名著阅读，促成了《名著一本通》《一本书读懂一百本名著》之类的“快销书”市场的火爆。为了应对考试，学生甚至人手一本这类书籍。如果名著真的能够“一本通”，那还要名著本身干什么？还要费劲地一本一本读名著干什么？当我们对立竿见影孜孜以求时，其实正是在饮鸩止渴。

与“一本通”同时大行其道的，还有考试指定名著的各种解读版本。这些版本的共同特点是以考点为幌子，每读完一两章，甚至是读完几个段落，就要有一个问题提给学生。想想小时候，我们听评书的兴趣从哪里来？是“欲知后事如何，且听下回分解”。现在呢？想要读下一章，先把这章的问题完成，这样能读出趣味来才怪呢。

既然整本书阅读存在这么多问题，那么，还要不要整本书阅读呢？当然要。但是，整本书阅读的基础是什么，这个问题要先搞清楚。常识告诉我们，一个人要先学会走，然后才能开始跑；最初耐力有限，可以跑短距离；随着耐力慢慢增强，跑的距离可以更长。

读书也是如此，从最初借助图画读只有几句话的绘本，慢慢过渡到纯文字的篇章，再从一篇篇文章，过渡到一本本书。从来不会有还没学会走就能跑这样的事情发生。整本书阅读也是如此，不可能跨越式前进，也无法弯道超车。

那么，该如何打好整本书阅读的基础呢？我以为至少要做到以下三点。

第一，要培养学生对阅读的兴趣。

这种兴趣的培养不是从初中开始，更不是从高中开始，而是从识字就要开始。不能把识字当成目的，识字只是手段，要让孩子从小对一切文字的东西感到有趣，这样孩子将来会自然而然地因为对信息、情感摄入的需求而主动地逐步增加阅读的量，提高阅读的“质”，自然就会进入整本书阅读阶段。

孩子如果从小没有养成良好的阅读习惯，是很难读整本书的。从这个意义上来说，没有必要把整本书阅读的概念单独提出来，阅读就是阅读，孩子从小到大，只要踏踏实实地一篇又一篇、一本又一本地读下去就好了。

第二，要给予学生充足的阅读时间。

现在的情况是学生大量的时间被各种各样的作业和练习所占据，常常是完成了这些作业和练习之后，所剩余的时间已寥寥无几，就没办法进行阅读。阅读是实践性活动，是需要花时间的，没有时间的积累，阅读水平很难跃上一个更高的层次。

要先让孩子爱上读书，然后给他们充足的时间去阅读，这样他们自然会在大量阅读实践中发展出属于自己的方法和策略。

第三，放开整本书阅读的限制。

不要刻意规定必须读哪本书。学生个体情况各个不同，即使是同一年级、同一年龄，依然存在性别、能力等方方面面的差异，非要一刀切地要求所有学生读某一本书，违反了基本的因材施教原则。整本书阅读可以走“能读、爱读、扩展读、深入读”的道路，但是，在这个道路上每个人遇到的书籍应该是不同的，要让每一个孩子有自己的个性化阅读。

不要误以为没有读过某一本书就会产生完全无法弥补的损失，事实上，书籍中所讲的很多东西是相通的，是互补的，没有人能够读完所有的书，要选择适合自己的书来读。

如果能做到以上几点，则整本书阅读会变得轻而易举，这个概念也不至于像今天这样火爆。让阅读回归阅读，让阅读归于日常，如此，则学生幸甚，老师幸甚，家长幸甚！

阅读不是“开书单”“做习题”

从我多年在一线从事语文教学的经验来看，孩子的阅读出问题，主要责任不在他们自己，而在家长和老师。

经常会有家长问老师“我家孩子阅读不好怎么办”，而他们在提出这个问题时，其实常常心里已经有了预期的答案，那就是既然阅读不好，那就多做阅读练习，这样才能保证考试尤其是中高考不丢分。也有相当一部分语文老师在这个问题上扮演了推波助澜的角色，也建议学生多做阅读练习。于是，做阅读练习代替了真正的阅读。殊不知，这个办法看似立竿见影，实则是饮鸩止渴。

大量的阅读题从文章本身来说，已经不是原文的样貌，而是为了满足命题字数乃至命题方向等诸多要求，被刀砍斧斫地删改过，存在逻辑断裂、语言干瘪等诸多问题。取法乎下，得之下下，阅读这样的材料，只能越读越差。用做阅读练习的方式代替真正的阅读，会导致孩子没有文后的问题就不会读书，离开文后的问题，就不会思考。

将做阅读练习和真正的阅读画上等号，这个想法非常致命，是走到歪门邪道上去了。很多人相信解题套路，觉得只要通过做阅读练习掌握了解题套路，就可以无往而不胜。但是，当命题考查的重点从“知其然”向“知其所以然”转变时，一旦硬碰硬，那些套路就失效了。学生如果没有能力透彻理解所阅读的材料，即便掌握了再多的所谓公式和技巧，也只能是“老虎吃天——无从下口”。

事实上，不扎扎实实阅读，希望阅读能够立竿见影，能“学以致用”，阅读就是为了考试拿高分，这种急功近利的阅读心态，不是从中学才有的，而是从孩子一上小学就开始了。很多孩子甚至在上小学之前就已经认识了大量的汉字，但是并没有表现出浓厚的阅读兴趣，没有养成良好的阅读习惯。家长和老师还是经常盯着孩子，要把那些字词反反复复写对，甚至一个都不出差错才好，这是典型的本末倒置。

识字本来只是手段，阅读才是目的，现在许多人却把手段当成了目的。只有在那些字词所排列而成的无穷无尽的书海中遨游，才能最高效地获取知识，提高能力，而单摆浮搁地识字写字，哪怕认识再多，能写对再多，如果不热爱阅读，都无济于事。

当孩子刚刚有了一定的阅读兴趣，有了一定的阅读能力，这时家长和老师又开始忙着揠苗助长了，恨不得小学低年级就能读“四大名著”，以为这样才能显示出水平来，而把成人看起来很简单的书籍，一概斥之为“没有营养”，希望孩子能读更高深更“有营养”的书籍。

人要先学会走，然后才能学会跑，还不会走就想跑，那会摔跤的，这是常识。阅读也不能违背这个常识，要由浅入深，循序渐进，没有所谓的跨越式发展，任何环节的错过，都可能成为将来无法弥补的缺憾。

光有了“营养”还不够，有些家长和老师还希望是“纯营养”，不能有任何“杂质”，尤其不能有任何“有害物质”，这一倾向在这些年关于阅读的论争中表现得尤为明显。很多家长和老师从成人的视角出发，觉得这个不能读，那个不能读，这个可能会危害儿童的身心健康，那个对孩子形成正确的三观不利，以这样吹毛求疵的标准衡量下来，即使被公认为经典的“四大名著”好像也不能读了，因为那里面也有很多看起来不适合儿童阅读的内容。

那怎么办呢？有些家长和老师希望能够对学生所阅读的材料来一次彻底的“大扫除”，每一种书都要出一个“洁本”，觉得必须有了这个洁本，才能放心让孩子阅读。可是，我们阅读的目的是什么呢？难道不是在阅读中培养辨别是非善恶的能力吗？如果阅读内容中所给的都是“是”，而没有“非”，都是“善”，而没有“恶”，那么，如何让孩子在比较之中提高鉴别判断是非善恶的能力呢？医学常识告诉我们，把孩子置于一个完全无菌的环境中，反而不利于他们的成长，因为在过度清洁的环境中无法形成对抗病菌的能力。

阅读也是如此，从成人的角度来说，固然要帮助孩子对所阅读的材料做一些选择，但过犹不及，我们要建立一个基本的意识，那就是相信孩子的辨别能力正是在大量的阅读中逐步提高起来的。

由寻找“洁本”扩展开来，很多家长和老师希望得到一个书单，仿佛有了一个高质量的书单，就可以一蹴而就解决所有阅读问题。于是，网络上各种书单满天飞。但有了书单，真的就能读书了吗？好像也不是。书单可以有，但只是个参考而已。每个人的兴趣不同，年龄不同，年级不同，水平不同……因为这诸多不同，所以阅读的内容也应该不同。

不是不读某一本书就会有什么不可弥补的缺憾，很多东西，不从这本书中得到，也可以从那本书中得到，所谓殊途同归。不必纠结于“必读书”，没有所谓“必读书”。如果非要有所谓“必读书”，那应该理解为必须读书，读和不读有本质的差异，读这个和读那个则不是本质的差异。书单不一定是文学的书，也不一定是考试的书，而应该无所不读。家长和老师，千万不要做这样的傻事：一看到孩子在看所谓的“闲书”，就立刻没收了。

有了书单还不够，有些家长和老师还希望有一个高效的读书方法支撑，仿佛掌握了这个读书方法，就拥有了点石成金的手指，随便读点儿什么，都可以变成金山银山。读书当然有方法，从古至今谈论读书方法的文章很多，但这些方法并不是用在每个人身上都奏效，这与每个人的阅读背景以及阅读储备密切相关。

经典的读书方法是别人在读书过程中的总结，这个总结并不能代替个人的阅读实践。每个人都要在阅读实践中，逐步找到适合自己的阅读方法，这是阅读必须经历的阶段，这个阶段甚至要走很多弯路，但这些弯路的每一步都是将来的财富。

当以上这一切都有了，万事俱备，只欠东风，只要读起来就可以了。这时忽然又有一个声音冒出来：“没有读书的时间怎么办？”

时间对每个人都是平等的，每个人一天都是 24 小时，怎么别人家的孩子、别人的学生有阅读时间，而您的孩子、您的学生一说阅读就没有时间了呢？那是因为您从心底里压根就不重视阅读，总是希望孩子把作业、练习、考试等放在阅读之前，等这些都忙完了，才想起来让他阅读，那确实没时间了。阅读是个实践活动，和打乒乓球、学钢琴一样，都需要长时间积累，不可能一蹴而就。

冰心先生说“读书好，好读书，读好书”，这九个字可以说道尽了阅读的真谛。先要让孩子体会到读书是一件很好的事，也就是“读书好”；然后让孩子慢慢喜欢上读书，对读书有兴趣，也就是“好读书”；最后才是选择对自己有意义有价值的书，也就是“读好书”。

让阅读回归常识，家长和老师不要成为孩子阅读路上的绊脚石。我们能做的是培养孩子的阅读兴趣，给他们阅读的时间，剩下的交给他们自己去办就好了。

时时处处学语文

现在，我经常看到朋友圈或者微信群转发诸如“得语文者得天下”“得阅读者得天下”一类的文章。这类文章大多有一个共同的套路，那就是将阅读和写作的重要性与各种重要的考试联系在一起，语带威胁：“如果现在不……将来就……”让人读下来在不知不觉中就焦虑起来了。

一旦焦虑来了，就想着要从娃娃抓起，尤其要从自家的娃娃抓起。从娃娃抓起本没错，但因为过度焦虑，思维就扭曲了，思维一扭曲，脚步跟着也就乱了。抓阅读变成了抓考试阅读，抓写作变成了抓考场作文，于是各种与此相关的培训班就都火起来了。

作为老师，也作为父亲，在阅读和写作这方面，我个人不大相信什么立竿见影的培训班，我更相信“自己动手，丰衣足食”；我也不大相信什么吹糠见米的高招，我更相信潜移默化、耳濡目染。

下面，我把自己在教育儿子的过程中，关于阅读和写作的一些具体实践和与之相关的思考，分享给大家。

第一，引导但不强制，培养孩子的阅读兴趣与鉴别力。

“爸爸，一斤铁和一斤棉花哪个轻哪个重？”孩子在数学课上学轻重的问题，这道题也兼有脑筋急转弯的意思。

“当然一样重。那一斤书和一斤肉饼哪个重？”我回给他一个问题，希望他能举一反三。

“也一样重。”他觉得这个问题很简单。

“作为吃货，你不觉得肉饼更重吗？”我和他开玩笑。

“嗯，我觉得好吃的确很重要。”

“你有没有意识到，其实我们说的这两个‘重’，意思上并不相同。如果单纯从物理面的重量上来说，它们一样重，但我们说的后一个‘重’是价值判断，是你自己心里觉得哪个更重要。”我要趁机教给他一个概念，那就是同一个词在不同语境中的意思可能会不同。

“那你觉得一斤书和一斤书哪一个更重？”我又提出一个问题。

“当然一样重了，都是书啊。”

“不一定，有的书价值更高，你读了收获更大，这本书对你而言就‘重’。而有的书价值就比较低，甚至不值得一读，读了甚至是在浪费时间，这本书对你来说就‘轻’。所以，当我们说书的重和轻的时候，可能还有另外一层意思，就是这本书值不值得一读。”我又给他举一些他读过的书作为例子来说明。

“爸爸，我觉得这本书比较轻。”过了几天，他拿着一本书在我眼前晃了一下，一本正经地评价说。我一下子就想起来前些天关于书的轻重的对话了。

从他能独立阅读之后，我会有意识地影响他的阅读取向，会对他说他读的哪本书相对来说比较高级，哪本比较低级，哪一本比较重，哪一本比较轻。但我又绝对不强制要求他必须读某一本书，因为阅读的鉴别能力是在大量的阅读实践中培养出来的。

一个人如果一直都吃精挑细选过的美食，而不尝一尝那些制作比较粗糙、味道一般的食物，就很难感受到美味之美到底美在哪里。有比较才有鉴别，读书亦如是。所以，在孩子的阅读方面我会引导，但不会强制。

另外，我也绝对不会因为看到某个同龄的孩子已经读了某本名著，就让我的孩子也立刻要读某一本名著。就像吃东西一样，尽管某种食物可能营养丰富，也可能非常美味，但他不一定喜欢吃这个，也可能他现在的胃口还比较弱，还消化不了这个，所以需要慢慢来。而且，就如食物提供的营养可以互相替代一样，读书也是如此，不是某一本书必须读，不读就会“营养不良”。

自从能自主阅读之后，他就尝到了阅读的趣味，一发不可收。从小到大，我给他买的书加起来少说也有上千本了。他一本接一本地读下来，经常上厕所的时候也带着一本书，坐在马桶上半天不起来。

有时候我让他写作业，他也不想写，非要先读完某一本书，或者抗辩说：“我现在读书不也是在学习吗？干吗非要做作业才算学习呢？”除非极特殊的情形，我一般不太打扰他专注地阅读，甚至有时候他因为着急阅读，作业做得急急忙忙，做得质量一般，我马马虎虎也就过去了。因为他说得对，阅读也是学习，而且是更有效的学习。

第二，在潜移默化中引导孩子多阅读、多思考。

“爸爸，今天好热啊。如果能像后羿射日那样，用箭把太阳射下来就好了。”

“嗯，后羿那时候有十个太阳，如果不留下一个，全都射下来，世界就彻底黑暗了。不过，后羿是一个神话中的人物，我小时候最熟悉的神箭手可不是后羿。我小时候听评书《水浒传》，一百单八将中有一个叫花荣的，绰号叫‘小李广’，是个有名的神射手。”

“爸爸，那《三国演义》中谁是神箭手啊？”他最近一直在听评书《三国演义》。

“应该是吕布吧，吕布不是有‘辕门射戟’的故事吗？我刚刚给你说花荣的绰号叫‘小李广’，你知道这个绰号的来历吗？李广就是汉朝那个有名的‘飞将军’，也是一个有名的神射手。我曾经给你说过一首有关他的诗歌。”我又把话题拽回来。

“就是那个射老虎的，是吧？”他虽然不能完全记住诗歌，但是能大致记得曾经听过这么一个故事。

“是的，就是‘林暗草惊风，将军夜引弓。平明寻白羽，没在石棱中’这一首。”我一边比画，一边又给他讲了讲这首诗的意思。

“除了中国的神箭手之外，外国也有神箭手，比如我们英语课上曾经学过一个瑞士国民英雄威廉·退尔的故事。”我又把威廉·退尔射苹果保卫家园的故事简单说了说。

“还有一个小不点儿的神箭手，叫作丘比特，是传说中的爱神。他的箭有神奇的魔力，会让被射中的两个人相爱。”他妈妈补充说。

“还有另外一个，就是射中‘阿喀琉斯之踵’的希腊神话中的神箭手，我不记得叫什么名字了，回头我可以帮你找一找。”我把“阿喀琉斯之踵”是怎么回事给他简单说了一下，他很感兴趣。我告诉他，家里有《古代希腊神话故事》这本书，将来可以看一看，非常有意思。

“还有‘纪昌学射’这个寓言故事也很好玩儿。学射箭、成为神箭手，也不是那么容易的事。”我又把纪昌怎么看织布机的梭子、怎么看虱子练习射箭的故事给他讲了讲，反正他觉得好玩儿、感兴趣的内容就多说一点儿，不感兴趣的就少说一点儿。这只是开启一个门缝罢了，说不定哪天我指着《列子》这本书说，之前我给你讲过的“纪昌学射”的故事就出自这本书，他可能就更有兴趣去读一读这本书了。

“爸爸，现在哪个国家的射箭比较厉害？”过了几天，在上学路上，儿子忽然又问我关于射箭的问题，原来他还在琢磨射箭这个事情。

“据爸爸所知，现在在奥运会上，女子射箭是韩国比较厉害，男子射箭好像是美国比较厉害。”

“对了，我们回顾一下之前给你讲的关于射箭的人物，你发现没有，其中有神话中的人物，也有现实中的人物；有东方的，也有西方的；有古代的，在你今天的问题中，我们又补上了现代的。这就是思维要全面，要考虑古今中外，也要考虑虚拟与现实等等。

将来我们可以循着这样一个思路，把这些故事扩展成射箭的历史，我估计这样的书已经有人写过了，如果没有人写过，你很感兴趣的话，将来可以写一写。”很多时候对话交流本身是随机的、零散的，但交流丰富起来，深入起来，自然就可能发现其中的一些规律，这时候我就把这种规律说给他，或者引导他发现这种规律。

有输入才有输出，我不会太功利地看待孩子读什么书将来考试才会有用的问题。所谓“功不唐捐”，我们不知道“哪块云彩会下雨”，没有必要那么着急，那么焦虑，只要引导他读、读、读，并且能够在读的过程中有一些思考就好。如果能在思考过程中，又发现一些规律和方法，那就更好了。

第三，巧妙点拨，帮助孩子认识写作的规律。

“爸爸，你说如果让丘比特拿箭射上帝，再拿箭射自己的朋友，然后让他们两个相爱，是不是丘比特就可以控制上帝了？”小孩子的想法总是很出人意料。

“为什么他们两个相爱了，就可以控制上帝呢？”我的脑子没太转过弯儿来。

“丘比特可以控制自己的朋友啊。丘比特朋友听丘比特的话，上帝听丘比特朋友的话，那不就是丘比特控制上帝了吗？”原来还是个间接的控制关系。

“嗯，你这个想法很奇妙，你可以拿这个作为故事主干，写一部悬疑小说了。”我一边说一边大笑起来。

至于他写还是不写，这其实不太重要。类似的情形很多，我常常鼓励他说，这个或者那个可以写成故事，一定很精彩。虽然通常他都不写，但我想在他的幼小的心灵里栽下一颗种子，那就是写作其实是一件很有趣、很容易的事。

“爸爸，这星期老师要求写一篇关于运动会的随笔。该怎么写啊？”

“关于运动会你是怎么想的？”

“我既想去，又不想去。”

“那你就说说你为什么想去，又为什么不想去吧。”

“我想去是因为……我不想去是因为……”他吧啦吧啦地说了半天，每个都说出来好几条理由。他一边说，我一边用电脑把这些内容记录下来。基本上他怎么说我就怎么录入，在语言表达上不做变动。

“这个地方内容太多了，我想删去一部分。”他每每看到满屏的字，就主动提出要删减一些。

“那你准备删掉哪些呢？现在有两大块内容，你准备保留哪一块？”

“那我就写我特别不想去的理由这个部分吧。”

“那在你特别不想去的理由中，有没有哪个特别重要，你想先说？还有哪个不太重要，可以后说呢？”我尝试着给他进一步的引导。

“我觉得这个重要，要先说；这个不重要，要后说……”有些时候，他的意见和我并不相同，但是只要不是特别大的错误，我都顺着他，而不是非要纠正他。

“好了，这样调整完了，我帮你打印出来，你拿去抄在你的作文本上吧。”

“爸爸，我觉得这句话还可以不说。”“爸爸，这句话我再删去行不行？”“爸爸，这里我能换一个词吗？”他常常一边抄，一边又要精简，主要原因是犯懒，不想多动笔。

“那你说说你删掉的理由是什么，你觉得这个理由充分吗？”我很少给他下结论，说这个不能删、那个不能改之类的，而是要引导他说出理由来。有时候说着说着，他自己就发现理由不充分了。说实话，越是短文，写起来就越难，越需要锤炼语言。这样的犯懒换一个角度来说对训练语言表达能力很有好处，有什么理由不鼓励呢？

既不捉刀代笔，又不完全放任自流。这样处理作文的方式，一方面让孩子养成独立完成作业的意识，另一方面又不让他一开始就有强烈的畏难情绪。把孩子“扶上马走一程”，将来他的能力更强时，就可以自己独立完成了。

其实，阅读和写作在很大程度上应该是自然而然的过程，现在的孩子之所以做起来如此之艰难，如此之磕磕绊绊，大多数时候是因为家长和老师太着急，太希望立竿见影，而揠苗助长的结果就是南辕北辙，跑得越快，距离目的地越远。

建立一本记忆存折

在古诗文学习过程中，帮助孩子建立一本记忆的“存折”，很有必要。往小了说，大量背诵经典诗文，再辅以一定数量的阅读，可以轻松搞定让很多学生和家长非常纠结的中高考语文，有了几百上千首诗文在脑子里，那中高考语文简直是小菜一碟。往大了说，一个人头脑中的这些经典诗文，在某种程度上决定了他将来成为什么样的人，是一个人一生受用不尽的财富。

那么，该如何建立这样一本“存折”呢？应该遵循什么样的原则和方法呢？本文就来说说这个问题。

第一，抓住记忆的黄金年龄，宜早不宜迟。

有关记忆的科学研究表明，一个人在二十四五岁之前，记忆能力逐步提升，尤其是从十二岁到二十四岁的青少年时期，记忆能力达到巅峰，观察力、想象力和抽象思维的能力都进一步发展，是学习的最佳时期。之后，记忆的能力则逐步开始走下坡路。

大量背诵古诗文，一定要抓住这个记忆的黄金年龄，宜早不宜迟。早一点儿则事半功倍，很容易把短时的记忆转化为永久的记忆，一辈子都不会忘记。而等到成年之后，即使意识到大量背诵古典诗文的重要性，开始背诵，但也很可能是狗熊掰棒子——掰一穗丢一穗，事倍功半。从这个意义上来说，童子功非常重要。一旦错过，想要补救，在某种程度上已然不大可能。

当然，这也不是说越早越好。凡事有度，如果太着急，在孩子基本语言表达能力还没有得到很好发展的情况下，就开始要求他们背诵大量古诗文，可能会适得其反。我个人觉得从小学一年级开始都不算晚，再早也不要三五岁就开始，这个阶段的孩子多听故事、多讲故事，可能会比背诵古诗文对语言能力提升更为有益。

第二，用来提升个人修养，而不是为了炫耀。

国学大师钱穆九岁就能背诵《三国演义》，在他的晚年回忆录《八十忆双亲·师友杂忆》中，有这样一段记录：

先父每晚必到街口一鸦片馆，镇中有事，多在鸦片馆解决。一夕，杨四宝挈余同去，先父亦不禁。馆中鸦片铺三面环设，约可十许铺。一客忽言："闻汝能背诵《三国演义》，信否？"余点首。又一客言："今夕可一试否？"余又点首。又一客言："当由我命题。"因令背诵"诸葛亮舌战群儒"。是夕，余以背诵兼表演，为诸葛亮，立一处；为张昭诸人，另立他处。背诵既毕，诸客竞向先父赞余，先父唯唯不答一辞。

翌日之夕，杨四宝又挈余去，先父亦不禁。路过一桥，先父问："识桥字否？"余点头曰："识。"问："桥字何旁？"答曰："木字旁。"问："以木字易马字为旁，识否？"余答曰："识，乃骄字。”先父又问：“骄字何义，知否？”余又点首曰：“知。”先父因挽余臂，轻声问曰：“汝昨夜有近此骄字否？”余闻言如闻震雷，俯首默不语。至馆中，诸客见余，言今夜当易新题。一客言：“今夕由我命题，试背诵‘诸葛亮骂死王朗’。”诸客见余态忸怩不安，大异前夕，遂不相强。此后杨四宝遂亦不再邀余去鸦片馆，盖先父已预戒之矣。时余年方九岁。

我第一次读到这段文字时，颇多感慨。这真是一种绝佳的启发式教育，在潜移默化中让孩子意识到自己的问题。反观我们现在，很多人让孩子背诵古诗文，当家里来了朋友，经常要把孩子拉过来给叔叔阿姨背诵一下、炫耀一下。得到客人的赞赏，家长和孩子都心满意足。

背诵古诗文可以说是提升人生境界的必需品，是提升气质的最佳“化妆品”，但有境界有气质的人不应该也不需要炫耀。一个人无论会背诵多少古诗文，都不要把它当作炫耀的资本。

第三，要读出声音来，要因声求气。

著名学者周振甫先生终其一生都在研究、编辑和普及中国古典文学作品。他在文章中指出，学习古文应从熟读古文入手。关于熟读古文，有两种说法：一种叫“死记硬背”，一种叫“因声求气”。“死记硬背”就是为了记住它、背出它而读，这样一来读就成为一件苦差事；而另一种方法，就是在喜悦中自然成诵，熟读背出，这就是桐城派讲的“因声求气”。

清代桐城派文人刘大櫆，在《论文偶记》中这样阐释“因声求气”：“学者求神气而得之于音节，求音节而得之于字句，则思过半矣。其要只在读古人文字时，设以此身代古人说话，一吞一吐，皆由彼而不由我。烂熟后，我之神气即古人之神气，古人之音节都在我喉吻间，合我喉吻者，便是与古人神气音节相似处，久之自然铿锵发金石声。”

相传，清末福建陈衍五岁时读《孟子》，爱好它的音节顿挫，读了又读。他的父亲外出归来，听罢，面露喜色，曰：“此儿对书中道理，必是有很深体会。”前人可以从诵读声调的高下、急缓、顿挫、转折里面，体会原文的声情，也可以通过诵读的声调，测知读者对原文的理解程度。

所以，在诵读过程中，要读出声音来。不是越快越好，也不是比拼肺活量，看一口气能诵读多少，而要讲究抑扬顿挫，慢慢品味。即使最初达不到这样的水平，也要有这样的意识，一定记得不是越快越好。

第四，反复反复再反复，用有规律的反复对抗遗忘。

著名作家、报人曹聚仁看书喜欢反复看，不到心领神会决不罢休。他在回忆自己的读书经验时曾说：“真正引起我兴趣、让我百读不厌的，倒是吴敬梓的《儒林外史》，先先后后，一本正经地总共读了一百多遍。我看《红楼梦》，不如俞平伯那么多，只读了七十多遍。《水浒传》呢，我只是看了二十多遍。《三国演义》，我只看了二三遍。”

“书读百遍，其义自见。”在这样反复诵读的过程中，不但可以品味书中的真趣，而且，自然可以慢慢达到熟读成诵的程度。反复是对抗遗忘的最有效武器，背诵是反复诵读、不断品味的结果。如果一开始就把背诵下来作为诵读经典诗文的唯一目的，那方向就大错特错了。

第五，要激发兴趣，而不是强行填鸭，要由易到难，循序渐进。

鲁迅先生在《朝花夕拾》一书中记录了这样一段童年往事：

要到东关看五猖会去了。这是我儿时所罕逢的一件盛事，因为那会是全县中最盛的会，东关又是离我家很远的地方，出城还有六十多里水路，在那里有两座特别的庙。……

因为东关离城远，大清早大家就起来。昨夜预定好的三道明瓦窗的大船，已经泊在河埠头，船椅、饭菜、茶炊、点心盒子，都在陆续搬下去了。我笑着跳着，催他们要搬得快。忽然，工人的脸色很谨肃了，我知道有些蹊跷，四面一看，父亲就站在我背后。

“去拿你的书来。”他慢慢地说。

这所谓“书”，是指我开蒙时候所读的《鉴略》。因为我再没有第二本了。我们那里上学的岁数是多拣单数的，所以这使我记住我其时是七岁。

我忐忑着，拿了书来了。他使我同坐在堂中央的桌子前，教我一句一句地读下去。我担着心，一句一句地读下去。

两句一行，大约读了二三十行罢，他说：——

“给我读熟。背不出，就不准去看会。”

他说完，便站起来，走进房里去了。

我似乎从头上浇了一盆冷水。但是，有什么法子呢？自然是读着，读着，强记着，——而且要背出来。

粤自盘古，生于太荒，

首出御世，肇开混茫。

就是这样的书，我现在只记得前四句，别的都忘却了；那时所强记的二三十行，自然也一齐忘却在里面了。……

应用的物件已经搬完，家中由忙乱转成静肃了。朝阳照着西墙，天气很清朗。母亲、工人、长妈妈即阿长，都无法营救，只默默地静候着我读熟，而且背出来。在百静中，我似乎头里要伸出许多铁钳，将什么“生于太荒”之流夹住；也听到自己急急诵读的声音发着抖，仿佛深秋的蟋蟀，在夜中鸣叫似的。

他们都等候着；太阳也升得更高了。

我忽然似乎已经很有把握，便即站了起来，拿书走进父亲的书房，一气背将下去，梦似的就背完了。

“不错。去罢。”父亲点着头，说。

大家同时活动起来，脸上都露出笑容，向河埠走去。工人将我高高地抱起，仿佛在祝贺我的成功一般，快步走在最前头。

我却并没有他们那么高兴。开船以后，水路中的风景，盒子里的点心，以及到了东关的五猖会的热闹，对于我似乎都没有什么大意思。

这样的强制，短期来看，可能会有一定的效果。但是，长期来看，得不偿失。一旦把兴趣完全磨蚀掉了，再想激发起来就没那么容易了。而一旦没有了兴趣，想把一件事情做到完美的程度，并且能够长期坚持下来，几乎不大可能。

背诵古诗文，可以从简单易懂的五言绝句开始，慢慢到七言绝句，再到五言律诗，再到七言律诗，再到更复杂的古体诗，再到更长的文章。不要想“一口吃成个胖子”，要让孩子慢慢体会到诵读过程中的成就感，和诵读过程中的愉悦感。不要一开始就让他们背诵很难的古诗文，让他们产生畏难甚至恐惧的情绪。

第六，减少过度的机械训练，将时间留给最有价值的诵读。

经常有家长和学生说，我也意识到多多诵读古诗文很重要，但就是抽不出时间来。所谓“抽不出时间来”，这一说法没有任何道理。每个人每天都是 24 小时，时间对任何人都很公平。我们把时间用在什么方面，完全依据我们对事情的重要性的判断。如果一件事情你觉得极为重要，那无论如何，哪怕挤掉其他事情，这件事情也要率先完成。这时候，就谈不上没有时间。

在一个人记忆的黄金年龄，为了考试多拿几分，排名靠前一点，就疯狂地刷题，不断地进行机械的练习，这样做得不偿失！正如著名语文特级教师于漪先生所言：“在学生青春年少之时，以机械操练充斥他们的生活、生命，使他们错过读书求知、饮琼浆、灌醍醐的最佳时期，从做人道德的形成、从文化素养的底蕴而言，造成的损失是永远无法弥补的。”

如果真的意识到诵读古典诗文的重要性，那就不会纠结于孩子的数学口算是半分钟完成还是四十秒完成了，不会在孩子本来已经考 90 分以上的时候，非要认真反思总结，要求孩子下次要考 95

分甚至更多了。把对分数孜孜以求的时间和精力，哪怕挪出十分之一来给古典诗文的诵读，那效果也会大不一样。

第七，不要急于完全弄懂，半懂不懂是一种很好的状态。

有人觉得有些古诗文孩子不懂，于是就不应该教给他，应该等到他懂的时候再教给他。那我要问，有什么事情是孩子一生下来就懂的呢？还不都是从不懂开始，我们大人慢慢教他们，他们慢慢学会的吗？

古人云："诗无达诂。"没有任何人可以说自己对某一首诗的理解已经到了极致，不仅仅自己无法超越，他人也无法超越。事实上，经典诗文的最大特点就是常读常新，常读常深。人脑不同于电脑，我们把文件存储在电脑里，如果不给它指令，它不会把相关的内容自动融合在一起。而人脑中只要存储了一定数量的内容，一定会自觉不自觉地把相关的内容联系起来，加深理解。

最初教孩子古诗文，最基本的要求是争取把字音读对。如果字音错了，虽然以后还有纠正的机会，但第一印象就错了，改起来比较麻烦。如果家长不是专业人士，可以照着书上所给的解释简单说说，等孩子有了一定的阅读能力，让他自己阅读、自己背诵就好。随着诵读数量的不断增加，再结合丰富的生活经验，孩子对古诗文的理解自然会慢慢加深。

第八，诵读经典诗文并不能解决所有问题，还要扩展阅读。

虽然我很推崇诵读经典诗文，也特别强调诵读经典诗文对于人生的重要意义，但请务必意识到，经典诗文不是万能的灵丹妙药。在诵读经典诗文之外，还要大量地扩展阅读，所读作品不仅仅是中国的，还应该有外国的；不仅仅是古代的，还应该有现代的；不仅仅是文学的，还应该有历史的、政治的、哲学的、科学的……阅读的重要性绝对不能被低估。将泛读和精读结合起来，才能在人生中发挥阅读最大的威力。

我推荐这些好书

要想学好语文，就必须大量阅读，这个观念现在一定程度上算是深入人心了。但紧接着问题就来了，要大量阅读，最先遇到的就是选择什么样的书来读的问题。大多数学生和家长在这方面并没有多少经验，所以他们会希望老师多推荐一些书，也比较关注各种各样的推荐书目。我也经常收到荐书的要求，希望我能推荐一些有价值的书给学生。

荐书这个事儿说难不难，说简单不简单。如果了解一个人的阅读习惯，了解他的阅读水平，了解他的阅读兴趣，那自然推荐起来就比较有针对性。比如，我要给我儿子或者我的学生推荐一些书，就比较容易，因为我对他们的阅读状况非常了解。但是，如果是陌生人，则很难“因材施教”，只能是从广泛意义上推荐一点儿适合某个年龄段阅读的书。

有一年寒假，我做了班级的线上读书会，向学生推荐了一些书，这些书对小学高年级和初中学生有参考价值，各位家长给自己的孩子买书时可以适当参考。

我没有完全按照中考的名著阅读题去选书，不是中考考什么就要学生读什么，而是根据学生的实际阅读状况，选择了一些故事性比较强的作品，大多数学生应该都能读得下去。

《俗世奇人》，这个要求所有同学都必读，这本书也是课标规定的必读书之一。

《唐宋传奇选》，这本可以说是古代版的《俗世奇人》，非常有意思。但因为是文言，有一定的难度，所以给程度较好、能读得进去的同学推荐这一本。

《今古奇观》，这是《三言二拍》的一个精华本，偏于白话，有一定的文言色彩，推荐给读不下去《唐宋传奇选》的同学来读。当然，这几本都读更好。

《图说中国节》，这本书对了解民俗很有帮助。现在强调传统文化，语文考试对年节考查比较多，所以应该掌握相关知识。至少先读春节和元宵节的部分，其他的可以赶在其他节日前读。

《汉字王国》，我在每个学期都会向我的学生推荐一本关于汉字的书。

图书版本的相关信息：

《俗世奇人》，冯骥才著，人民文学出版社。

《唐宋传奇选》，张友鹤选注，人民文学出版社。

《今古奇观》，抱瓮老人辑，顾学颉校注，人民文学出版社。

《图说中国节》，大乔编著，中国社会科学出版社。

《汉字王国》，［瑞典］林西莉著，三联书店。

重点说一说《俗世奇人》，关于这本书，我会给自己的学生这样一些阅读要求：

1. 简要概括本书中给你印象最深的一个故事。

2. 你最喜欢本书中记述的哪一位奇人，他的什么品格打动了你？

3. 本书中有哪一个细节让你过目难忘？为什么？

4. 本书中关于人物塑造，有哪一个具体的方式方法给了你很大的启发？

5. 在阅读过程中，有哪 10 个词语在具体语境中的使用让你觉得特别准确，特别生动？

我还建议学生一边读，一边写一写读书笔记，不一定是手写版，键盘录入或者语音转录的电子版都可以，甚至没有读书笔记，只要读起来也好，关键是要真正读，真正动脑思考问题。最终要把这五个问题整合在一起，所有都做完的同学，我会带他们进入高一级的阅读，有机会和其他班级的阅读水平较高的同学交流碰撞。当然，也可以同时读《唐宋传奇选》，如果觉得《唐宋传奇选》读起来难度偏大，可以先读《今古奇观》，需要回答的问题基本相同。他们按照我的引导来做，有一天会突然发现我要求完成的这五个问题很高级，很有用。

为什么这五个问题很高级，我没有直接给学生讲，但不妨在这里简单说一说。是因为这五个问题在能力指向上和考试阅读中的一些基本能力完全吻合，而且从题型的角度来说，也可以在中考乃至高考中找到很多同类型的问题。但是，我不希望他们感觉自己是在刷题，在完成一个不得不完成的阅读任务，而是要享受阅读，一边阅读一边思考。

关于《唐宋传奇选》，我也给出了一些建议。大多数同学会感觉有相当的难度，但是我认为不必像学课文一样，每一个词句都要弄清楚、弄明白，磕磕绊绊、“连滚带爬”地读就行，只要能够读懂基本大意，读到一定程度自然就顺了。所以，先不要一看到某个字某个词不熟悉，就立刻查字典，就立刻看注释，要结合上下文的语境猜测一下，然后才是查字典或者看注释确认。

能读得下去，感觉很好玩儿，很有意思，这非常重要。我也给学生举了一点儿例子，比如，《唐宋传奇选》中的《柳毅传》，写钱塘君为龙女报仇这段，令人不禁击节赞赏，寥寥数语，多棒的一段武侠描写：

君曰：“所杀几何？”曰：“六十万。”“伤稼乎？”曰：“八百里。”“无情郎安在？”曰：“食之矣。”

又比如，看钱塘君劝柳毅娶了龙女这一段：

钱塘因酒作色，踞谓毅曰：“不闻猛石可裂不可卷，义士可杀不可羞耶？愚有衷曲，欲一陈于公。如可，则俱在云霄；如不可，则皆夷粪壤。”

虽然同样是语带威胁，但是钱塘君比现在的地痞流氓有文化多了。没文化的小地痞只会说：“有句话不知当讲不当讲，你听我的，对咱俩都好，不听我的，我就弄死你。”我不着急让学生们一下子就要读到特别深入，关键是先感觉到一些趣味，然后，在这趣味的驱动下，自然可以逐步深入。

除了以上所列的书目，还有一种书适合绝大多数学生，能在某种程度上满足学生的个性化阅读需求，那就是语文读本。

为什么语文读本是一个不错的选择呢？主要基于这样几点理由。

理由一：语文读本大多选择内容比较广泛，不仅有现代文，也有文言文；不仅有小说散文，也有诗歌戏剧；不仅有文学类文章，也有涉及政治、历史、地理等方面的文章。每个人可以选择自己喜欢的那一部分来读。

理由二：语文读本大多是独立成篇的短文，或者从中长篇中截取的相对独立的部分。这样相对较短的篇幅，更适应学生在学业负担较重的情况下的阅读需求，学生随时可以拿起来，也可以随时放下，可以比较充分地利用碎片化的时间，扩展阅读。

理由三：语文读本不同于各种各样的阅读练习册。阅读练习册中的文章，都是为了命题需求而刀砍斧斫之后的文章，逻辑不通或者语言干瘪等情况所在多有。同时，一些学生已经完全陷入了没有试题就不会阅读的窘境，因此需要跳出来，在有限的阅读提示之下，进行个性化的自由阅读，语文读本正好可以起到这样一个作用。

理由四：语文读本有比较好的延展性。学生在阅读读本中的某一篇文章时，如果对这个作家感兴趣，可以扩展开来，主动寻找这个作家的相关作品来读。学生在读某一个中长篇的节选时，如果对这个中长篇感兴趣，可以找到这部作品来读。正所谓“下一本要读的书，就隐藏在现在要读的这本书里”。

以上理由我想已经足够充分，但接下来的问题是，选择什么样的语文读本呢？出版市场上语文读本至少有几十种之多，水平参差不齐，怎么选呢？就我个人相对有限的了解，我愿意给诸位推荐这样几种比较优质的语文读本。

第一种：《青春读书课》。

这是由深圳育才中学语文教师严凌君老师主编的一套 14 本 300 万字的人文读本。包括《成长的岁月》《心灵的日出》《世界的影像》《古典的中国》《白话的中国》《人类的声音》《人间的诗意》七卷，每卷均分为上下册。以我个人的经验，其中《成长的岁月》《心灵的日出》比较适合初一初二学生阅读，《世界的影像》《白话的中国》《人类的声音》比较适合初三乃至高中的学生阅读，《古典的中国》适合初中生做课外文言的拓展，《人间的诗意》则适合特别喜爱诗歌的学生阅读。当然，也要看不同学生的阅读水平。

作家莫言在推荐语中说：“假如三十五年前我能读到这样一套书，我不会是现在这个样子。现在我读了这套书，依然感到内心深处发生了一些微妙的变化。”诚哉斯言，这样的推荐语也于我心有戚戚焉。

第二种：《这才是我想要的语文书》。

这是一套由《收获》杂志编辑部主任叶开老师主编的语文读本。整套书也有 300 万字以上。这套读本有着更为强烈的个人风格，从中可以看出一个作家、编辑家的敏锐眼光。除了开篇有一些背景资料的介绍和阅读提示之外，中间也有一些分析鉴赏的文字可供参考，文末还有进一步的扩展阅读的推荐。相对于《青春读书课》,《这才是我想要的语文书》这套读本所选的篇章都要更长一些，比较适合初高中学业水平较好、学有余力的学生阅读。

第三种:《新语文读本》。

这是一套由北大教授钱理群先生主编的语文读本。小学、初中、高中三个学段皆有。其中小学阶段由王尚文、曹文轩主编，初高中阶段由钱理群、王尚文先生主编。钱理群先生是鲁迅研究的专家，他对语文教学也有很深入的研究，所著的《语文教育门外谈》等书，所谈问题都切中肯綮，振聋发聩。这一套语文读本相较于前两种语文读本，所选内容篇幅比较短小。同时，也是按照年级来编排，每个年级都有两册。每篇文章只在文末附有相应的阅读建议。家长在选择时可以根据孩子所在年级购买，也可以根据孩子的阅读水平，上下跨一两个年级。

第四种:《咬文嚼字》。

《咬文嚼字》从狭义上来说，当然不能算语文读本，但是，如果从广义上来说，它又是语文读本的一种。《咬文嚼字》内容涵盖非常广泛，语文知识可以说无所不包，是我最喜欢的语文杂志之一，我也必定会推荐给我的学生。虽然都是小豆腐块的文章，但日积月累，每天读一点儿，必然可见集腋成裘之功。《咬文嚼字》有历年的合订版，可以买最近若干年的，最新一年的需要在邮局或者网上订阅，每月一期。我的习惯是每年先订单行本，然后新一年买上一年的合订本，作为资料存档备查。

《义务教育语文课程标准》规定，学生从小学到初中九年时间内课外阅读总量应该不少于400万字。以上推荐的语文读本，总量至少在1000万字，如果从小学到初中能有1000万字的阅读量，语文学习是不需要太发愁的。

与其一年花上万块钱去上课外班，不如多给孩子买一点儿书，让他踏踏实实读书，花小钱办大事，更见效果。

PART 5

第五章

语文学习有巧招

在教学过程中，我经常不厌其烦地对学生讲，学好语文没有什么捷径，最重要的就是多读、多背、多思、多写。在回答家长的类似疑问时，我也常常告诫他们，千万不要着急，要慢慢来，要把读书加上来，把练习减下去，扎扎实实把读书的事情做好，语文水平自然就上来了。

尽管我苦口婆心反反复复地讲，但每每还是遇到让人有点哭笑不得的情形。学生和家长一边回应："老师，我明白了，要想学好语文，还得多读书。"一边又要问："老师，有没有什么更具体的方法，能够更快地提高语文成绩？"

你看，我谈"慢"才是根本的解决之道，你却偏偏想着怎么才能"快"。不过，站在学生和家长的角度，我也特别能理解这种焦虑。因此，我在写文章时，除了从宏观角度谈语文学习的根本之道，也会谈一些特别具体的问题。比如，为什么不能相信网上那些答题技巧？提升现代文阅读能力的关键是什么？学好文言，有什么样的方法？古诗文背诵默写中常见的题型有哪些？如何切实提高写作水平？如何应对考场作文，能够有最佳的临场发挥？针对这些困扰学生的常见问题，我都会结合多年的教学经验给出切实可行的方法，希望这些方法能够对他们有所帮助。

别相信网上那些“答题技巧”

在网上用“语文答题”作为关键词进行搜索，会看到搜索框中跳出来的备选关键词是“语文答题技巧”“语文答题模板”“语文答题套路”等，显然，这些是高频的搜索词。再看看“百度文库”中，有26500篇和语文答题技巧相关的文档。

为了不让我的搜索显得那么功利，我不搜索“语文答题”，而搜索“语文阅读”，结果跳出来的第一个备选关键词是“语文阅读理解解题技巧”。在“百度文库”中，和语文阅读理解技巧相关的文章数量居然高达215000篇。

这样一些搜索数据说明了什么？我想可以非常清楚地表明太多的人对所谓的语文答题的技巧、模板、套路有多么如饥似渴了吧。有需求，就有供应。相关的文档，仅仅在“百度文库”中，就有数万甚至数十万之多。

那么，问题来了，是不是这些技巧、模板或者说套路真的有用呢？

作为一个一线语文老师，接下来我要说说我对这个问题的看法。

语文答题技巧要有一点，但也仅仅是停留在有一点就好了，最关键的还是在读懂文章的能力。如果你完全相信那些所谓的答题技巧、模板或者套路能帮到你的孩子，那我要非常郑重地告诉你，你掉到坑里面去了，你的孩子非但考试不能拿高分，而且永远也不可能学好语文。

何以见得？还是不妨举例说明：请欣赏下面这句话，说说它好在哪里。

野花遍地是：杂样儿，有名字的，没名字的，散在草丛里，像眼睛，像星星，还眨呀眨的。（摘自朱自清的名篇《春》）

给你提供一个答题技巧作为帮助：

比喻：生动形象；答题格式：生动形象地写出了＋对象＋特性。

很多人的回答可能是这样的：

这句话运用了比喻的手法，把野花比喻成眼睛和星星，非常生动形象。

接下来还是要求欣赏这个句子，但我转换一下问题的问法：

这句话使用了比喻的修辞方法，非常生动形象，请具体说说它生动形象在哪里？

这时候怎么回答呢？

难道还要回答“这句话使用了比喻的手法，把野花比喻成眼睛和星星，生动形象”吗？总不能用问题本身作为答案吧。

这时就遇到了知其然却不知其所以然的困境了。

那么，这句话妙在哪里呢？

其实，不是把野花比喻成眼睛、比喻成星星就生动形象了。而是，野花散在草丛里，在微风吹拂之下，时隐时现，就像天空中的星星一样，时隐时现，就像人的眼睛一样，一开一闭。微风吹拂下的野花，和眼睛、星星就有了绝妙的相似点，都是“眨呀眨”的。由此可见，这句话的比喻是多么生动，多么形象，真是作者匠心独运的结果。

这样的深入鉴赏，是用那些所谓的答题技巧就能完成的吗？

再举一个例子，2011 年北京市中考有这样一道题：

④由此看来，核辐射对人类有着极大的危害，然而【甲】只有过量的核辐射才会对人体造成伤害，而【乙】少量的核辐射不会危及人类的健康，合理使用还可以造福人类。

问题：阅读第④段，说出画线的【甲】【乙】两个语句的位置不能调换的三条理由。（3 分）

答案示例：【甲】【乙】两个语句不能调换位置，因为，其一，【甲】句与前面的“危害”一句直接相关；其二，【乙】句与后面的“造福”一句直接相关；其三，两句调换后语段表达的重点与原意不符。

大约是为了简省起见，答案示例给出的第三个理由说得比较笼统。但这也就给某些关注答题技巧的老师和学生提供了一个绝妙的至少拿 1 分的万能答案，那就是如果考两句话位置不能调换的理由，一定有“两句调换后语段表达重点与原意不符”这个要点。

接下来的各区命题中都模仿着这个真题来处理，学生皆大欢喜，不管会不会，都因为有这个万能的答案而拿到 1 分，这 1 分简直就是白送。

但我不甘心，在区里命题时，我想出了这样一个办法，把语句能否调换的试题改造成了这个样式：

第③段中画线的【甲】【乙】两句调换位置后表达重点与原意不符，请结合上下文说出不能调换的三条具体理由。（3 分）

这样一个小小的变化，就让很多读不明白文章，还梦想着用答题技巧来解决问题，坐等在这类问题上至少拿 1 分的同学傻了眼。

请看北京市 2009 年的一道中考语文题：

第⑨段在文中起承上启下的作用。它承接了上文所写的______________，引起了下文所写的______________。（4 分）

那些所谓的语文答题技巧或套路会告诉你，当考题涉及文章中间的某一段的作用时，一定要回答“承上启下”四个字，或者还可以更简略一些回答两个字——“过渡”。

可当你一切准备就绪，忽然发现命题人已经告诉你这段话起到了“承上启下”的作用，问你承接上文写了什么，又引起下文的什么内容的时候，你的表情是不是很困惑？

当年，这个不算很难的试题，丢分情况非常严重。从这里一下子就看出来只知其然、不知其所以然的害处了。

必须多说一句，事实上，如果考生只是回答抽象的概念，很多地方的中高考阅卷已经不给分了。考试要考查概念，但不是概念本身，而是对概念的理解和运用，也就是不光要知其然，还要知其所以然。类似的例子还有很多，我就不一一举例了。

那注重考查概念的理解和运用，是一种偶然还是一种必然呢？

这样的考法有明确的国家相关文件“撑腰”，2014年颁布的《国务院关于深化考试招生制度改革的实施意见》中明确指出：深化高考考试内容改革，依据高校人才选拔要求和国家课程标准，科学设计命题内容，增强基础性、综合性，着重考查学生独立思考和运用所学知识分析问题、解决问题的能力。

其实，不仅仅是因为有这样的文件“撑腰”才这样考，而是因为这个文件本身的思路非常正确。学习绝不仅仅是为了考试、为了那份试卷、为了那个分数，而是要真正具备实际解决问题的能力。

在日常生活和工作中，我们常常遇到理解一篇文章的问题。如果我们不重视踏踏实实地提升阅读理解能力，而只是追求那些所谓的答题公式、技巧、模板一类，那今后遇到的各种麻烦就可想而知了。

苏东坡有言：“博观而约取，厚积而薄发。”阅读这件事儿，真的不是学了技巧就能一蹴而就的，要慢慢来，一步一个脚印才行。

董仲舒有言：“仁人者，正其道不谋其利，修其理不急其功。”阅读这件事儿，什么是正道？大量的高质量的阅读是正道，而试图通过记住那些所谓的答题技巧来解决阅读问题就是歪门邪道，就是急功近利。相信所谓的套路，结果一定是自己“被套”，后患无穷。

学好文言文，没有秘诀，但有方法

文言文学习，让很多初中同学感到非常头疼。究其原因，除了文言文要考试之外，还有一个就是他们采用的方式方法不对，所以虽然时间和精力投入了不少，效果却非常不好。

很多同学一上初中，手里就有了诸如《初中文言文大全解》《初中文言文一本通》之类的书，觉得只要有了这本宝书，文言文学习就没问题。可实际情况如何呢？考查课内篇目的试题还勉强能够应对，一旦扩展到课外，则不知如何是好，到了高中，学习先秦散文，甚至如听天书，基础薄弱的毛病更是暴露无遗。

要想文言文学习又轻松，又扎实，需要有良好的方式方法作为保障。一旦路数错了，那就南辕北辙，用力越猛，距离目的地越远。

要想学好文言文，主要应该注意以下几点：

第一，通过读出声来，体会文言文音韵之美。

读出声来，是学习语言的基本功，对于文言文学习而言，尤其应该如此。好文章掷地作金石声，这“金石声”需要通过读出声来体会。就仿佛唱歌，如果仅仅是看乐谱或者歌词，很难体会到歌声之美妙，必须亲自唱出来，才能有更深体会。和现代文相比，文言文更为讲究韵律和谐，这种韵律和谐之美，要通过读出声音来才能感受得到。

朱熹在《训学斋规》中有言：“凡读书……须要读得字字响亮，不可误一字，不可少一字，不可多一字，不可倒一字，不可牵强暗记，只是要多诵遍数，自然上口，久远不忘。”

第二，通过反复诵读，形成文言文的语感。

语感这种东西，看不到，摸不着，却又真实存在。良好语感的形成，端赖于反复诵读，一方面要进入头脑的记忆，另一方面也要形成肌肉记忆。

在读准字音、正确断句的前提下，要用心体会文句节奏，反复诵读，而不是小和尚念经——有口无心。朱熹尝言：“读书有三到，谓心到、眼到、口到。心不在此，则眼不看仔细，心眼既不专一，却只漫浪诵读，决不能记，记亦不能久也。三到之中，心到最急。心既到矣，眼口岂不到乎？”

第三，在熟读的基础上背诵，让更多语料进入永久记忆。

不要为了考试功利性地去背诵，考过了之后，马上忘却，而是要通过反复诵读，在熟读的基础上背诵，进入永久记忆。

选入初中课本的所有文言文，无论课后是否要求背诵，都应该在熟读的基础上成诵。有人做过统计研究，高中及以后所学的文言文中绝大多数实词虚词和文言文语法现象，在初中课文中都出现过。但为什么相当数量的学生不能很从容地迁移所学的知识和能力呢？原因很简单：为了考试而学习，考过即忘，当然形不成能力。唯有对所学材料相当熟悉，才能够信手拈来，随意驱遣，为我所用。

第四，把课文作为基础，同时要有大量泛读作为辅助支撑。

课文须精读，在熟读基础上成诵，但仅仅掌握这些材料远远不够，还需要大量的泛读材料来支撑，这样才能通过“多见而识之”的方式准确领会，牢牢记住。

比如，2011 年的北京市中考题，考《鱼我所欲也》中的“是亦不可以已乎”的“已”如何解释。如果我们只记住此处的“已”解释为“停止”，哪怕重复很多遍，也很容易忘却。但如果我们有大量其他语料支撑：“学不可以已”“鸡鸣不已”“操蛇之神闻之，惧其不已也，告之于帝”“累寸不已，遂成丈匹”“鞠躬尽瘁，死而后已”，等等，就无论何时都不用担心会忘却了。

为了说得更明白一些，再打个比方。比如，某一次上课，我认识了一位同学叫李达康。即使我意识到他对我很重要，哪怕我当时重复五十遍“李达康”，但如果接下来三五年都见不到这个人，以后再见到，也很可能想不起他的名字。但如果过几天，我在西单见到他，和他打招呼：“你是李……”“我是李达康。”又过两个月，在三亚见到他，再次打招呼：“你是李达……”“我是李达康。”再过半年，在纽约又见到他，这回就不再犹豫不决，可以非常肯定地叫出他的名字了。

文言文学习和以上情形非常类似，在不同的语境中不断见到同一个词，就像在不同的环境中见到同一个人，自然而然就记住了，不需要花费太多的心力专门记忆。

如果能精读一到两本文言文著作，再泛读两三百篇文言文章作为辅助支撑，初中时就可以形成非常强的文言文阅读能力，到了高中根本不需要费心专门学习文言文。

第五，不要仅仅依靠课下注释，更要随时熟练使用工具书。

很多同学在学习文言文时，要么是死记硬背课下注释，要么是抱定《文言文大全解》，要么是抓住老师发的对译篇子不放。

这样的做法最多只能是知其然而不知其所以然，一旦换了另外一篇文章，又不知道怎么理解才好。《义务教育语文课程标准》规定："阅读浅易文言文，能借助注释和工具书理解基本内容。"但在实际学习过程中，我们的同学常常是偏重于借助注释，而完全忽视了工具书，不是两条腿走路，而是一条腿走路，只能"一瘸一拐"。

一方面，要借助语境对相关文义进行推理；另一方面，也要借助工具书对这种推理进行印证。熟练使用工具书，自然会形成独立阅读文言文的能力。商务印书馆出版的《古汉语常用字字典》是初高中学习文言文必备的工具书。

第六，文言文不是外语，现代汉语和古诗词都是很好的学习文言文的材料。

有一些人把文言文当成外语来学，一个字一个词地抠，实际上完全没有必要。须知，文言文和现代汉语是同一种语言，两者都有共同的先祖，DNA 绝大部分相同。现代汉语尤其是成语中，有大量的文言文遗存现象，学习现代汉语在某种程度上也是在学习文言文。比如，“赴汤蹈火”中的“汤”是“热水”的意思，这就是典型的文言文意思的遗存。再比如，“情不自禁”这个成语保留了文言文中因为否定词的存在而将宾语提前到动词之前的倒装形式。

古诗词和文言文的关系就更为密切。大量背诵古诗词，对学习文言文有莫大的帮助。比如，会背诵“春风得意马蹄疾，一日看尽长安花”，就可以把这句诗和《三峡》中的“虽乘奔御风，不以疾也”联系在一起，这里的“疾”都是“快”的意思。而这句诗又是“走马观花”这一成语的出处，由此，也可以知道“走”在这个成语中的意思也是典型的文言文遗存，古今异义，文言中的“走”是“跑”的意思。将所学内容连缀成网格，相互联系，随时定位，就比单摆浮搁地记住一个字一个词容易得多了。

第七，学习文言文不是单纯为了考试，文言文中有太多的精华值得我们吸收。

要有意识地跳开学习文言文就是为了考试这样一个功利目的。事实上，我们中国几千年的文明史，主要以文言的形式记录，白话文不过百年的历史而已。如果说，不懂外语，世界将对你关上一扇窗；那么，如果不懂文言文，历史就将对你关上一扇门。大到人生道理，小到文章写法，在经典的文言文章中俯拾皆是，如果忽略了这一部分，损失巨大，殊为可惜。

传说中，集齐七颗龙珠，就可以召唤神龙。在学习文言文方面，如果能将我所提到的这样的七个方法综合运用，那文言文学习将会是小菜一碟，轻松愉快。

现代文阅读能力提升关键

有相当一部分学生或者家长会问这样的问题：

“老师，我现代文阅读不好，怎么办？”

“老师，我家孩子现代文阅读老是被扣很多分，怎么办？”

这样的提问，乍一看没毛病，急于改进之情已经溢于言表了。但在我这个语文老师看来，这话还是有毛病，毛病在于太笼统。就好比说某天你肚子疼，去了医院内科看病，问医生说：我肚子疼怎么办，是啥毛病？医生也不好马上回答肚子疼怎么办，也不可能立刻给你开药，回去吃了立马管用，而是要通过问诊配合着机器检查，搞清楚肚子疼是由什么引起的，是胃出了毛病，还是肠出了毛病，还是阑尾的问题，或者干脆就是你昨晚胡吃海塞不消化的后果，然后才能对症下药。

同样的道理，现代文阅读被扣分的因素有多种，不能一概而论。不要妄想着老师给你一剂灵丹妙药，吃了立刻解决问题。

本篇文章专门有针对性地谈谈考试中现代文阅读扣分的若干种可能原因，以及相应的应对策略。

首先是现代文阅读的基本流程：先读文还是先读题。

考试中的现代文阅读主要由两部分组成，前面是文，后面是题。

如果做一个小调查，你会发现每个学生做题的流程是不一样的。有的人会说：“我习惯于先读文，后看题。”你问他为什么这么做，他可能会告诉你文章在前面，题在后面，所以当然是先读文后做题。

也有人会说：“我喜欢先读题，后看文。”你问他为什么这么做，他可能会告诉你这是他的习惯，小学一开始做现代文阅读就是先读题后看文，那时候完成得又快又好。

还有人会说：“我不一定，有的时候先读文，后看题，有的时候先看题，后读文。看时间，看感觉。”你问他为什么这么做，他就更没有理由了，因为他已经说他是跟着感觉走了。

以上三种做法，哪一种是正确的呢？更深入的道理何在？

现代文阅读从小学就开始了，小学的题是什么样的呢？通常，小学的现代文阅读最初是课内语段，语段比较短，试题也比较容易，数量也不多。而且所考的问题老师大多在课堂上讲过，即使后来扩展到课外阅读，依然是文字量较少，试题较为容易，试题数量不多。在这样的情况下，先看看题，回过头来再看文章，是一个不错的选择。因为学生对课内文段相当熟悉，或者课外文段本身比较容易，都能够很快抓住全部内容。先看题后看文，自然针对性比较强，答题效率也就比较高。

但初高中的现代文阅读则不同了，基本不考课内文段，都是课外文段。而且文本本身文字量较多，理解起来难度较大，试题数量也多，难度也较大，考查角度又各不相同。这时候如果还是像小学那样先读题后看文章，难免会顾此失彼，不会再像小学阶段解决现代文阅读问题那样高效。

从具体的考试来说，初高中的现代文阅读试题，常常分成三种类型，一种是整体感知，一种是局部精研，还有一种是深入探究。这三种类型，无论哪一种，都先要对文章有一个整体把握，才能够更好地解决问题。而整体把握文章的最好办法，当然是要先通读文章。

综上，现代文阅读从流程上来说，一定要先读文，后读题。

当然，接下来的问题是，先读文怎么读？读到什么程度？用多长时间？

考试中的现代文阅读，除了要读懂，能完成相关问题之外，还有一个非常重要，也常常令很多同学头疼的问题，那就是速度问题。

有很多学生会说，如果给我充足的时间，让我慢慢做，那很多题我都能做对，可一旦限定了时间，就做不对了。这些学生常常感觉时间不够用。在有限的时间内，阅读速度的问题怎么破解呢？在初读文章时，如何在确保质量的前提下提高速度？

在辅导学生做现代文阅读训练时，我常常提出一个问题："初读文章要用多长时间为好？"很多学生在回答这个问题时掉到坑里面了。他们的答案五花八门，有说一分钟的，有说三分钟的，有说五分钟的，甚至也有说八分钟十分钟的。

其实，虽然我问的是初读文章用多长时间为好，但并不是真的有一个非常具体明确的限定时间在那里放着，而应该首先考虑初读一篇考试文章需要（应该）花费多长时间与哪些因素相关。

初读一篇考试文章需要（应该）花费多长时间，至少与四个因素密切相关：一是考试时间，二是考试文章，三是考试题目，四是个人能力。

但凡考试，都有时间限制，超过这个时间，会做也没用。从这个意义上来说，初读文章，花费时间不能过多，否则就会挤占后面的细读文本、回答问题的时间，导致整体考试时间不够用。

考试文章的长短和难易，也必然对阅读所需时间的长短产生影响。显然我们不可能机械规定初读某一种文体的文章必须用多长时间完成。文章短，内容简单，读起来自然就快一些，反之，就会慢一些。

虽然初读文章，还不涉及题目，但初读是为后面完成相关问题服务。如果读得太粗略，一目十行，单纯追求速度，在读题时发现各种关键信息在初读时都没有抓到，解决问题的障碍都没有排除，那就等于没读。反之，如果读得过细，每一个细节都弄明白了，但发现题目不涉及这些细节，对功利性很强的考试阅读而言，那显然又是巨大的浪费。

个人能力在这四个因素中起决定性的作用。如果个人的阅读能力很强，则前面所有相关因素的困扰都不是大问题，自然可以读得又快又好，用很少的时间，能抓住的关键信息又足够丰富。

更具体而言，考试时间、考试文章的长短难易以及考试题目出什么，作为考生，我们都说了不算，但我们可以通过提高阅读能力，相对缩短初读所用的时间。即使文章偏长、偏难，我们也能够比别人用更短的时间读完，而且所获取的关键信息既不过多，也不过少，既满足下一步解决具体问题的基本需要，又不至于浪费，这才是我们应该追求的目标。

综合以上的分析，那么问题来了：如何切实提高个人阅读能力，尤其是初读文章的速度，以满足相关的要求呢？就此，我给出以下三点建议。

第一，要学会抓住中心句或者关键句。

在考试中初读文章，就是要抓住文章的梗概，而不是细节。因为细节可以在读完相关问题之后，再通过局部精细阅读研究来解决。而要快速抓住文章的梗概，最基本的能力就是要学会抓住文章的中心句或者关键句。比如下面这样一段文字：

首先，宜居城市具有良好的生态环境。加拿大的重要港口城市多伦多，被人们认为是最适合人类居住的地方。这里一年四季风景如画：春天花木欣欣向荣，夏季海滩阳光灿烂，深秋树木艳丽多彩，冬日冰雪充满神奇。法国南部的小镇普罗旺斯，蓝天澄澈，空气新鲜。每到七八月间，紫色的薰衣草装饰着翠绿的山谷，浓郁的芳香沁人心脾，整个小镇充满了浪漫的气息。一座具有良好生态环境的城市，可以让居住在这里的人们，每时每刻都享受着大自然带来的温馨和惬意。（摘自2014年北京市语文中考说明文《宜居城市》）

初读这段话时，只要抓住第一句和最末一句就足够了。中间的部分作为支撑句，只要知道是通过举例来说明中心句，快速浏览就可以了。

这种“总分总”结构的语段或者篇章，在文章中随处可见，在说明文或者议论文等实用类文章中更是非常常见。由此产生的变体还有“总分”或者“分总”等。把握了这种行文思路，自然就可以大幅提高阅读速度。

当然，文章千变万化，我找的这个语段比较典型，除了这样的比较典型、比较常见的行文思路之外，也会有其他不同类型的写法。我们先要学会解剖典型，然后再分析变体。

因为文体不同，我们在初读文章时，需要关注的关键语句也各有不同。比如，如果是写人叙事类的文章，需要关注六要素，关注时空变化的语句，关注点明文章主旨的语句，略读对事件和人物的具体描述；如果是说明类的文章，需要抓住说明事物的特点和说明的顺序，略读采用具体说明方法进行说明的文字；如果是议论类的文章，则要抓住作者的主要观点以及相关的分论点，而略读用来支撑相应观点的材料乃至具体的分析。

但无论文体如何变化，抓住中心句而略读甚至忽略支撑句，都是初读文章最重要的方法。可以一边读，一边做好圈画。如果是平时训练，不受时间限制，还可以通过再次细读，回过头来重新验证自己初读时所圈画的中心句或者关键句是否全面到位，这样做有助于提高相应的能力。

第二，要养成并提高阅读的预判能力。

阅读不是被动地被文章牵着鼻子走的过程，不是文章写什么就读点儿什么，读到哪儿算哪儿，而是需要你的头脑主动参与。

从看到文章题目开始，就应该有自己的一些阅读预判，虽然这种预判不需要专门花费更多的时间来进行，但至少要在头脑中闪一闪，过一过。

比如，读茅盾的《忆冼星海》一文（北京市 2010 年语文中考现代文阅读文章），看到题目，就应该做一些预判。作者很可能要回忆和冼星海相关的一些事，伴随着这些事的叙述说说冼星海这个人有什么特点，还会说说为什么要回忆冼星海这个人，等等。

和冼星海见面的时候，已经是在听过他作品的演奏，读过了他那万余言的自传以后。

以上是文章的第一段，在读完第一段之后，应该有这样的预判：作者一定会写他听冼星海作品的演奏，写读冼星海自传的一些经历和感受，也会写他们见面时候发生的一些事情。

这种预判，关乎对作者行文思路的判断，准确说是一种逻辑判断。作者在写作过程中，一定会考虑读者，会有意识地照顾读者的阅读习惯和思维习惯。同时，读者在阅读过程中，也应该去揣摩作者的心理，思考作者为什么这样想、这样写。人同此心，心同此理。只要不是特别“变态”，作者和读者一定能够在某种程度上取得逻辑上的共识。

这种主动参与的阅读过程，非常有助于提高阅读速度。如果预判正确，可以提高阅读过程中的愉悦感；如果预判错误，可以提高阅读过程中的注意力，想一想作者为什么会这样写，这种和我的预期不同的写法，是效果更好还是效果更差。

第三，要形成把整句乃至句群当成一个组块进行阅读的能力。

儿童从识字到开始阅读，是一个非常慢的过程，因为要用手指读，指一个字读一个字。随后速度慢慢加快，在他的眼中开始呈现的不是一个又一个字，而是一个又一个词。再接下来，就从词变成短语了，阅读速度自然就不断加快了。

但对于相当一部分人而言，他们的阅读速度仅仅止步于把一个又一个句子当成组块来阅读，而不能够把若干句子组成的句群当成一个完整的组块来阅读，这是再次提高阅读速度的一个关键门槛。

比如下面这段文字：

孔子曾告诫我们："学而不思则罔，思而不学则殆。"意思是说，只学习而不思考，就会迷惑不解；只思考而不学习，就会怠惰而无所成就。孔子这句话再精辟不过地论述了"俯而学"与"仰而思"的辩证关系。我们应牢记先贤的教导，在实践中学有所得，思有所获。（摘自北京市2009年语文中考现代文阅读《俯而学与仰而思》）

如果你对孔子这句关于学习和思考之间关系的名句相当熟悉，而且不仅仅熟悉名句本身，也对这句话的内涵有较为深入的理解，那么，这段文字的前两句话就是一个组块，你可以瞟一眼就过去，但不影响你抓住其中的关键意思。

当然，有人会说，这个语段很简单啊，我很轻松就可以做到这一点。但我只是拿这段话做一个例子，如果有更为复杂的语句，你能否做到以句群作为完整组块进行阅读呢？

比如这样一段文字：

古往今来，许多有作为的“官”都以关心百姓疾苦为己任。从范仲淹的“先天下之忧而忧，后天下之乐而乐”，到郑板桥的“些小吾曹州县吏，一枝一叶总关情”；从杜甫的“安得广厦千万间，大庇天下寒士俱欢颜”，到于谦的“但愿苍生俱饱暖，不辞辛苦出山林”，都充分说明心无百姓莫为“官”。（摘自《心无百姓莫为“官”》）

如果你非常熟悉语段中引用的每一句古诗文，自然就可以把这个语段的多个语句所组成的句群当成一个完整组块来读，而不需要拆开来一句一句地读，就能够准确快速地把握它所要表达的意思。

虽然我所举的例子都是引用古诗文的例子，但实际上这样的例子绝不仅仅限于古诗文的引用，也可能出现在其他任何材料中。能否把句群当成一个完整的组块，一眼扫过去，就能准确地把握这个句群的主要意思，关键在于你对相关阅读内容熟悉与否。

这样的把句群当成完整组块来阅读的能力，不是一朝一夕就能形成的，需要大量的、广泛的阅读积累。阅读的量不够大不行，阅读的内容过于单一也不行。从这个意义上来说，阅读能力尤其是阅读速度的提升，要以大量的阅读实践为基础。这个无法偷懒，无法越级，不能期待得到点石成金的手指，更不能期待别人直接给你一块金子，更直白一点说，千万不要以为你吃五个馒头吃饱了，就觉得直接从第五个吃起才最省事，事实上前四个绝对不能不吃，要有量变，才有质变。

严格来说，以上我所讲的三点并不完全独立，它们之间相互联系，密不可分。说三点或者三个方面，只是为了行文的方便。同学在平时进行阅读训练的过程中，一方面可以有意识地针对自己的弱项单独进行训练；另一方面，也要照顾到其他各项，进行综合的演练。这样，才有助于真正提高阅读能力，尤其是阅读速度。

古诗文背诵默写三大常见题型

写下这个题目那一刻，我就知道这是在给自己出难题。说“难题”不是因为这样的文章写起来有多难，恰恰相反，此类文章网上一搜一大堆。不仅语文老师能说出个子丑寅卯，就是学生也能比较轻松地说出个甲乙丙丁来。

但是，所谓“画龙画虎难画骨，知人知面不知心”。“画骨”不易，“知心”更难。现象好说，透过现象看本质则不易。本文的重点不是泛泛地谈有哪些试题类型，而是要谈这些类型背后的能力如何培养；不是泛泛地谈如何应对考试，而是要谈考试背后问题的根本解决之道。

为了体现这一追求，我不直接举中考原题，而是以一首诗为例来谈这个问题。

题花山寺壁　［北宋］苏舜钦

寺里山因花得名，

繁英不见草纵横。

栽培剪伐须勤力，

花易凋零草易生。

下面我就这首诗，模拟中考古诗文背诵默写命制三道题：

1. 寺里山因花得名，______________。（苏舜钦《题花山寺壁》）

2.《题花山寺壁》中，采用虚实相应的手法，写到花山寺有名而无实的诗句是______________，______________。

3.《国语》中说：“从善如登，从恶如崩。”学坏容易，但学好很难，所以一个人要时时警醒自己。苏舜钦的诗句“______________，______________”可以令我们联想到与此相类的意思。

以上三个默写题，大致能涵盖中考中常见的三种类型的古诗文背诵默写题目。

第一种就是所谓的“硬默”。也就是给上句写下句，给下句写上句，给中间写两边，给两边写中间。

第二种就是理解性默写。一般会明确指出是哪一篇诗文，然后根据限定性的描述去思考在该诗文中哪句话符合题干中描述的相应条件。

第三种是运用性默写。一般会给出一个具体的情境，然后引导考生由这个情境联想到一两句合适的古诗或者古文。

这三种类型，正对应了古诗文背诵默写考查的三种能力，即识记、理解、运用。这三种能力代表着认知水平由低到高的不同层次。

在应对古诗文背诵默写的问题上，常常存在两个误区，一个是机械抄写，一个是大量练习。这两种办法从短期应试的角度来看，有一定的效果，但长期来看，则最终把所学的内容都还给了老师，还给了书本，白白消耗了那么多时间和精力，而收获极为有限。

之所以会出现这样的问题，主要是对这三种试题类型、三个能力层次的考查之间的关系没搞清楚。以考试作为驱动力，导致对该问题的思考是割裂的而不是综合的，是急功近利的而不是深谋远虑的。

在古诗文背诵默写的问题上，应该以识记为基础、理解为核心、运用为目的。要以对古诗文的热爱作为驱动力，三者紧密配合，协调运行。

识记是基础。

对于一首诗、一篇古文，当然要先想办法存储在头脑中，才有机会更好地理解与运用。但是，识记并不是死记硬背，而是要熟读成诵。一小时内反复二十遍，不如把这二十遍分散到一个月内进行，要把握记忆规律，将短时记忆转化为永久记忆。

如果为了应试要落实在笔头上，也应该动动脑琢磨一下，哪些地方容易出差错，而不是出了错，就劳动手部小肌肉，反复抄写N遍。诸如通假字、同音字、形近字、字形复杂的字等，要思考如何通过探究字源、结合具体语境等方式方法，避免这些差错。

理解是核心。

但这个理解应该是一个循序渐进的过程，先是对字词文句的意思的初步理解，然后是对文句潜在含义的揣摩，这个过程，可以借助注释和字典、词典等工具书进行，尽可能避免直接采用阅读对译，也就是直接阅读白话译文的办法。因为毕竟是学习文言诗文，而不是白话文，白话文对译过程会导致文言诗文从文采到文意等多种要素衰减甚至丢失。

千万不要试图采用做大量理解性默写练习的方式来达成理解古诗文的目的。我经常会看到有考生在老师带领下，从犄角旮旯翻出来一切能找到的考试范围内的古诗文理解性默写题来做。这样做一方面会导致内容理解的碎片化，不能整体把握诗文，另一方面也很有可能掉到以记忆来应对理解的深坑里，在考试时没有注意到题干的细微变化，仍旧机械地按照记忆的答案回答，结果差之毫厘，谬以千里。

最好的办法是以不变应万变，不要去做那么多的所谓理解性默写题，而要扎扎实实地把一首诗、一篇文，通过反复诵读，反复揣摩，理解深入，理解透彻。如此，无论出什么样的试题，都可以轻松应对，正如孙猴子再能蹦跶也逃不出如来佛的手掌心。

运用是目的。

运用建立在识记和理解的基础之上。对古诗文的运用，不能窄化地理解为应对考试中的那一点点运用性默写古诗文的问题。古诗文的运用，有助于提升审美，有助于抒发情感，有助于表达思想，有助于……

运用之妙，存乎一心。要想真正体会古诗文运用的妙处，需要开拓眼界，不能只停留在考试范围规定的那一点点古诗文，要多读多背，反复揣摩，反复品味。朱熹说：“大抵观书，先须熟读，使其言皆若出于吾之口；继以精思，使其意皆若出于吾之心，然后可以有得尔。”有了这个“得”，就可以很自然地将其应用到自己的日常生活中，应用到自己的文章中，直接引用或间接化用，游刃有余，无可无不可。

需要特别强调的是，熟读精思这一过程，任何人不可替代。不是不能读那些诗文鉴赏类的文章，但是，这类文章要在熟读精思的基础上去读，然后才能有英雄所见略同的惊喜，才能有发现新宝藏的欢欣，才能有……如果没有熟读精思作为基础，基本的文意都还不能很好地理解，就匆匆忙忙阅读别人的鉴赏文章，那只能是蜻蜓点水而已，好处在哪里，妙处在哪里，统统都会滑过去抓不到。

现在的古诗文背诵默写的备考过程，也颇有“寺里山因花得名，繁英不见草纵横”之态，各种应对的歪门邪道盛行，完全偏离了古诗文背诵默写的初衷。要回到正确的轨道上来，需要多思考，多实践，正所谓“栽培剪伐须勤力，花易凋零草易生”。

通过古诗词学写作

经常有人问我，你是语文老师，你能说说读古诗词有什么用吗？提出这类问题的一些人，头脑中其实存有一句潜台词，那就是：“我是现代的中国人，为什么非要学习那些故纸堆里的东西呢？学一点儿现代的东西不好吗？”这个问题，就仿佛“我是中国人，为什么非要学外语”一样。

这个问题一方面不难回答，因为有很多证据证明学习古诗词有用；另外一方面又不好回答，因为这些所谓的证据如果停留在“无用之大用”上，就比较不容易说服这样一些抱持着功利主义思想的人。

所以，我尝试着就用功利的思路来回答这个问题，不谈古诗词对于人生的“无用之用”，不谈它在审美等方面的作用，只谈它对写作的作用。如果熟读并能够背诵相当数量的古诗词，对写作也有莫大的帮助。

谓予不信，我可以举一两个例子来证明。

朱自清的《春》大家都非常熟悉，我们不妨看看在这篇文章中，朱自清是如何巧妙运用古诗词的。先看下面这段文字：

“吹面不寒杨柳风”，不错的，像母亲的手抚摸着你。风里带来些新翻的泥土的气息，混着青草味儿，还有各种花的香，都在微微润湿的空气里酝酿。

这段文字中的“吹面不寒杨柳风”正是对古诗的直接引用，引用的是南宋诗僧志南和尚的绝句：“古木阴中系短篷，杖藜扶我过桥东。沾衣欲湿杏花雨，吹面不寒杨柳风。”这一句“吹面不寒杨柳风”，非常自然地把春风的特点写出来了，而且接着“不错的，像母亲的手抚摸着你”，让人觉得恰到好处。这就是引用古诗词的妙处。

再来看《春》这篇散文中的另外两段文字：

雨是最寻常的，一下就是三两天。可别恼。看，像牛毛，像花针，像细丝，密密地斜织着，人家屋顶上全笼着一层薄烟。树叶儿却绿得发亮，小草儿也青得逼你的眼。傍晚时候，上灯了，一点点黄晕的光，烘托出一片安静而和平的夜。

在乡下，小路上，石桥边，有撑起伞慢慢走着的人，地里还有工作的农民，披着蓑戴着笠。他们的房屋，稀稀疏疏的在雨里静默着。

这两段文字写春雨，没有直接引用任何古诗文。但是，如果你熟悉杜甫的诗《春夜喜雨》，再读这一段，或许感觉又会有所不同了。

春夜喜雨　［唐］杜甫

好雨知时节，当春乃发生。

随风潜入夜，润物细无声。

野径云俱黑，江船火独明。

晓看红湿处，花重锦官城。

当你读到“看，像牛毛，像花针，像细丝，密密地斜织着，人家屋顶上全笼着一层薄烟”这句话时，你有没有想到“随风潜入夜，润物细无声”这样的诗句呢？两者所写的春雨的特点在本质上并无不同，都是“润物细无声”，只不过《春》写的是白天，而《春夜喜雨》写的是夜晚而已。

再看“野径云俱黑，江船火独明”，你是否依稀感觉到这句诗和“傍晚时候，上灯了，一点点黄晕的光，烘托出一片安静而和平的夜”“他们的房屋，稀稀疏疏的在雨里静默着”这样的一些语句在意境上非常相似呢？我们并不能肯定朱自清在描写春雨这一段时一定会想到《春夜喜雨》这首诗，但是我们作为读者，却可以真切地感受到两者的相似之处，那就是都写出了春雨的静谧祥和。这就是古诗的化用。

其实，不管是古诗的引用也好，还是古诗的化用也好，都不是我们现代人的创造，古人早就已经这样做了。比如，我们可以看看周邦彦这首《西河·金陵怀古》：

西河·金陵怀古　　［北宋］周邦彦

佳丽地，南朝盛事谁记。山围故国绕清江，髻鬟对起。怒涛寂寞打孤城，风樯遥度天际。

断崖树、犹倒倚，莫愁艇子曾系。空余旧迹郁苍苍，雾沉半垒。夜深月过女墙来，伤心东望淮水。

酒旗戏鼓甚处市？想依稀、王谢邻里，燕子不知何世，入寻常、巷陌人家，相对如说兴亡，斜阳里。

这首词即使你之前从来没有读过，但现在读来是否有似曾相识的感觉呢？如果你读的古诗文稍稍多一点，你至少可以从中读出刘禹锡的两首古诗来：

石头城　［唐］刘禹锡

山围故国周遭在，潮打空城寂寞回。

淮水东边旧时月，夜深还过女墙来。

乌衣巷　［唐］刘禹锡

朱雀桥边野草花，乌衣巷口夕阳斜。

旧时王谢堂前燕，飞入寻常百姓家。

在这首词中，周邦彦极为巧妙地引用乃至化用了刘禹锡的两首诗。“山围故国绕清江，髻鬟对起。怒涛寂寞打孤城”显然是“山围故国周遭在，潮打空城寂寞回”的化用，“夜深月过女墙来，伤心东望淮水”显然是从“淮水东边旧时月，夜深还过女墙来”转化而来。而“想依稀、王谢邻里，燕子不知何世，入寻常、巷陌人家，相对如说兴亡，斜阳里”，更是能非常清晰地看到“朱雀桥边野草花，乌衣巷口夕阳斜。旧时王谢堂前燕，飞入寻常百姓家”这几句诗的影子。

除此之外，这首词从框架上来说，则借鉴了乐府诗《莫愁乐》：

莫愁乐　［唐］张祜

侬居石城下，郎到石城游。

自郎石城出，长在石城头。

当然，周邦彦的这首词又比《莫愁乐》在思想内涵方面超越而上了。《莫愁乐》偏于写男女之间的相识、相知乃至相爱，而《西河·金陵怀古》采用三阕结构，上阕写金陵胜景，中阕写金陵古迹，下阕写眼前之景，并引出千古兴亡之思，跳脱了小儿女的私情，抒发作者的沧桑之感，寓悲壮情怀于旷达境界之中，堪称怀古词中别具匠心的佳作。

通过这样一些例子，可以很清晰地看到古诗文在写作中的引用与化用的妙处，所以，不妨多学一些古诗文，多背诵一些古诗文，积累到了相当的程度，你会发现，不仅仅是在文章写法上可以从古诗文中获得很多营养，从思想认识上也可以获益良多。

当然，还必须补充一句，引用和化用不应该是抄袭，也不应该变成“融梗”。好的引用和化用，可以超越而上，自成格局。

考场作文：心态、选题、审题

“能拿满分最好，至少也要拿个高分。”很多学生对考试作文都有这样的期待。因为分分必争，有这种心态很正常。谁如果从一开始就不想拿满分，也不想拿高分，就会被大多数人视为异类，至少是不求上进。

但我要说，绝大多数学生“能拿满分最好，至少也要拿个高分”的心态，从一开始就错了，而且这种错误心态危害很大。听我结合二十余年教学、命题以及阅卷的经验慢慢道来。

从客观事实上来说，现在中高考采用无纸化阅卷，作文双评，在特定分差（一般规定少则 4 分，多则为 6 分）之内电脑取中间数作为最终得分。在这样的阅卷机制下，得到满分的概率，绝对不会比花两块钱买彩票中五百万大奖高。

不要说满分作文，就是距满分只差一两分的超高分作文所占的比例都非常小，10% 都不到。虽然我们常常把中高考形容为“千军万马过独木桥”，但要注意，并不是只有一个人，而是有相当一部分人都可以走过这个独木桥。那采取什么样的策略最为安全呢？

绝对不要冲在最前面。满分作文通常非常独特，但这种独特性也很容易引发争议。每一篇满分作文背后，可能都会有若干篇和它类似的作文得到比较低的分数。如果意识到这种强烈独特性所带来的高风险，就不值得去冒这个险。

当然，也绝不要落在最后面，断后"打狼"固然很勇敢，但更大的可能是被狼吃。这个道理很简单，不需要过多解释。最安全的是挤在中间偏前的位置，大家一起过去。所以，不要想着拿满分，也不要想着拿超高分，只要是一个踏踏实实的高分就已经足够好了。

从主观心态上来说，一旦把目标定位在拿满分或者超高分，自然就会在无形中给自己增加压力。考试过程中，一旦遇到些许困难，就不是想着如何克服这些困难，而是会想如果达不到预定目标会有怎样的不良后果。虽然这种后果还没有发生，但是会越想越害怕，越想头脑越乱，根本无法把注意力集中在解决考试问题上。结果心态崩溃，本来会做的也不会了，本来能做好的也做不好了。

要想考试作文拿高分，在心态上要掌握三个关键词："能写""好写""写好"。

高考作文也好，中考作文也好，在命题上，一定会照顾到绝大多数考生，让绝大多数考生有的写、有话说。如果考生在考场上通过初步审题，发现"能写"，应该感到开心，因为如果"能写"，那么至少二分之一以上的分数就拿到了，已经超越了一小部分竞争对手，有了这个垫底，心里就不容易发慌。

在“能写”的基础上，要想着“好写”的问题，“好写”就是围绕中心，容易展开。不容易展开的，就不好写。比如，写一个半命题作文——“面对______”，如果你写“面对困难”“面对挫折”“面对失败”，就比较好写，因为这些都需要努力拼搏，而努力拼搏的过程比较容易展开。但如果选择写“面对成功”，对绝大多数初中生而言，就有相当大的难度。所以，在作文主题上，要选择“好写”的来写，做到这一点，至少可以拿到四分之三的分数。这时候心里就更有底了。

在“好写”的基础上，再想怎么“写好”的问题。“写好”主要可以从三个方面考虑。老师在阅卷时，通常会特别在意三个方面：一曰结构，二曰立意，三曰语言。

先说结构。结构合理是考场作文拿高分的关键之一。什么样的考场作文算是结构合理呢？

我们不妨来看一首大家都特别熟悉的小词：

忆江南　［唐］白居易

江南好，风景旧曾谙。日出江花红胜火，春来江水绿如蓝。能不忆江南？

我们姑且把“忆江南”这个词牌当成这首词的题目。所谓“忆”就是“思念”。白居易开篇明确点题，为什么要思念江南呢？因为“江南好”。但是江南好的地方很多，容易写得很散，于是接下来用“风景旧曾谙”收束，专门选择“风景”这个角度来写，就比较容易写得集中。

再接下来，“日出江花红胜火，春来江水绿如蓝”。这是这首词的详写部分，非常有意识地抓住事物的特征，扩展开来，强化描写，令人心旷神怡的江南美景就如在目前了。“忆江南”的理由既已说清，最后用了一个非常简洁的反问“能不忆江南”结尾。

这首小词只有不到30个字，但“麻雀虽小，五脏俱全”。结构上非常完整，是典型的凤头、猪肚、豹尾，充分体现了文章结构安排中的开头点题、中间详写、结尾扣题的要求。

再说立意。立意相对于结构，可能会更难一些，因为好的立意不是在考场上一动脑筋就能有的，而是需要日积月累。但也不是说，考场作文的立意就只能听天由命。我有一个简单易行、见效较快的办法，一句话概括就是“从具体事件引申到一般的人生道理”。

举例来说，写一篇题目为“我因拼搏而成功”的作文，你可以写经过长时间的努力拼搏，在中考体育加试时，一千米跑获得满分，这是“我因拼搏而成功”的具体例证。但如果你在结尾扣题时写道：“人生就像一条长长的跑道，我相信，只要努力拼搏，就会取得一个又一个成功。”这样一来，立意一下子就显得深刻了，不再是就事论事，只说跑步这一具体事件，而是在谈人生道理了。

散文名作《落花生》在立意方面给了我们很好的启发。吃花生可以说是一个很具体的事件，结尾就从这一具体事件联系到人生道理，文章一下子就升华了：

父亲接下去说："所以你们要像花生一样，它虽然不好看，可是很有用。"

我说："那么，人要做有用的人，不要做只讲体面，而对别人没有好处的人。"

父亲说："对。这是我对你们的希望。"

我们谈到深夜才散。花生做的食品都吃完了，父亲的话却深深地印在我的心上。

最后说说语言。在结构和立意两方面都做好之后，就要关注语言的问题。当然，好的语言也需要长期训练，并非一日之功。不过，如果在考场上注意以下两点，语言表达水平也会升格，可以取得一些立竿见影的效果。

第一点是要把重点的想要突出的内容往前放，把补充交代的内容往后放。比如：

下面四个选项中的哪一句话是《从百草园到三味书屋》中的原句？

A. 百草园的冬天比较的无味；可一下雪就两样了。

B. 百草园的冬天比较的无味；雪一下，可就两样了。

C. 冬天的百草园比较的无味；可一下雪就两样了。

D. 冬天的百草园比较的无味；雪一下，可就两样了。

正确的答案是D。把"雪一下"三个字提前，慢慢来读，会感觉眼前好像真的有雪花纷纷扬扬地飘落下来，也可以感受到下雪之后，童年的鲁迅那种难掩的兴奋之情。看，虽然仅仅是语言的次序稍有调整，表达的重点和表达的效果就完全不同了。

第二点就是要把能承前或者蒙后省略的词都省略掉。比如："晋太元中，武陵人捕鱼为业。（武陵人）缘溪行，（武陵人）忘路之远近。（武陵人）忽逢桃花林，（桃花林）夹岸数百步，（桃花林）中无杂树，（桃花林）芳草鲜美，（桃花林）落英缤纷。渔人甚异之，（渔人）复前行，（渔人）欲穷其林。"

括号里的部分在原文中都不存在，都承前或者蒙后省略了。同学在写作文时，很容易不自觉地满篇"我……我……我……"，其实大量的"我"可以省略，这样一来语言就显得简洁干净了许多。

把"写好"的这三个方面都做好了，基本上可以拿到五分之四的分数，就已经圆满完成任务。

虽然最终目标都是"写好"，拿到高分，但一旦调整了心态，不是一上来就想着"写好"，给自己很大的心理压力，而是从"能写"开始，到"好写"作为一个中间的过程，再到想办法"写好"，一步一个脚印、一步一个台阶向上走，效果一定大不同。

当然，只学会程咬金的三板斧还远远不够。作文还需要真功夫，要从最根子最底层下功夫，平时练好真本领，考试时才能从容应对，兵来将挡，水来土掩。

讲完心态，下面来谈在很多人眼里显得更为实际、更为有用的两个问题，那就是中考作文中的选题与审题。

先说选题的问题。

一些地区的中考试卷，作文会设计成二选一的形式。两道作文题各有侧重，常常一道偏重于考查写实能力，另外一道偏重于考查联想和想象能力，比如：

从下面两个题目中任选一题，写一篇文章。（40 分）（2018 年北京中考）

题目一：一位著名学者曾经说过这样的话：任何一个多少知道一点自己国家历史的人，都应该对本国过往的历史心怀敬意。历史不仅书写在浩瀚的史籍里，也沉淀在众多的历史古迹和历史文物中。请你任选一处古迹（圆明园除外）或一件文物，将“____________，让我心生敬意”补充完整，构成你的题目，写一篇文章。不限文体（诗歌除外）。

题目二：请你用上“伙伴”“困境”“成长”这三个词语，以“在幽深的峡谷里”为开头，发挥想象，写一篇故事。题目自拟。

要求：（1）请将作文题目抄写在答题卡上。

（2）字数在 600 ～ 800 字之间。

（3）不要出现所在学校的校名或师生姓名。

这时，考生就面临一个很重要的问题：要选择哪个题目来写？除了自己能不能写这个最主要的考量之外，还有相当一部分考生纠结于选择哪一个可以更占一些便宜，或者换个说法，选择哪一个可以比较不吃亏。

能不能写，这是个人的主观认知判断，对此我不做过多解说。主要说说后一个问题，也就是选题上占便宜还是吃亏的问题。

对这个问题的回答，简而言之：无论选择哪一个题目，都不占便宜，或者也可以说都不吃亏。因为阅卷时，不是两道作文题混在一起评分，而是根据考生在答题卡上填涂的题目，通过计算机程序，把选择不同题目的考生作文完全拆分开来评阅。每道作文题有各自的具体评卷标准，两者不会交叉干扰。但通过阅卷尺度的调控，最终选择两道作文题的考生平均分差距会微乎其微。每个考生只是在和选定同一道作文题的其他考生竞争，所以选择能写也最擅长写的那道作文题，就是最佳选择，就是以己之长，攻彼之短。而如果非要过多地考虑选哪一道作文题的人数可能更多或者水平更高，想办法避开，更可能的结果是自己掉到坑里。

选择完题目之后，就要面对审题的问题。实际上在选择题目的过程中，已经对题目有了主观直觉。我要谈的，是更为详细的操作层面。

依据个人的指导备考与组织阅卷经验，我建议考生可以尝试着把作文题目分为两大类六小类来进行审题。即：

第一大类：难易

容易的题目要往精彩了来写；

偏难的题目要往有把握了来写。

第二大类：类型

“大词”的题目要往小了来写；

宽泛的题目往明确了来写；

比喻的题目抽出本体来写；

半命题的题目要填顺了，往容易展开来写。

先说第一大类，从难易角度来分。

一道试题，从主观判断角度来说，常常会有“偏容易”或者“偏困难”这样两种感受。有了不同感受之后，我们该如何从审题上进一步深入呢？

如果是觉得偏于容易的题目，就要想办法往精彩了来写。如果你觉得很容易，不要高兴得太早，因为大多数人可能和你感觉一样。这时，作文优劣的比拼就要看谁能写得更精彩了。从选材上来说，就要想办法选择一些比别人更为独特的材料；从作文结构上来说，尝试采用一些更为新颖的结构；从语言上来说，尝试着把语言打磨得更优美。唯有如此，才能在竞争中脱颖而出。

如果是觉得偏于困难的题目，就要想办法往有把握了来写。如果你觉得题目有一定难度，不要因此害怕甚至沮丧，因为可能大多数人和你的感觉一样，也觉得某个题目有相当的难度。这时候，就不是要比谁的选材更独特，谁的文章结构更别出心裁，谁的语言更精彩了，只要你能稳定发挥，符合题目要求，就有很大可能占据领先优势。所以这时思考的重点要放在写得更有把握上，确保不跑题，符合题意，中心明确，结构合理，等等。

再说第二大类，从类型角度来分。

“大词”的题目要往小了来写。什么是“大词”？那些公园绿地的大牌子上，过街天桥的大红横幅上的词，大多属于“大词”。比如，“社会主义核心价值观”或“北京精神”等。遇到这些“大词”，应该想办法往小了说，或者说“以小见大”。

比如，写“和谐”，就不要写“和谐社会”这样的大话题，而应该写和谐的邻里关系、和谐的班集体等，通过一滴水来反映太阳的光辉，才是字数限定在七八百字的中考作文的制胜之道。

宽泛的题目往明确了来写。事实上，中考作文题目一定是宽泛的，而不可能是特别狭窄的，因为要保证绝大多数同学有的可说、有的可写。在导语中常常会对题目给出相对来说比较宽泛的解释，但同学在写作时，应该选择更小的切入口，往明确了来写。

比如，以“赏”为题写一篇文章。你在审题时，需要做的工作就是将其更为明确化，是赏鉴还是赏识，是观赏还是赞赏，等等，都要明确起来。要由一个字组成一个词，由一个词组成一个短语，又由一个短语组成一个句子，越明确越好。赏——欣赏——欣赏某人——因为某事，我欣赏某人，他是我的榜样，带给我很多启发……通过这样的扩展，既限定题材又限定中心，写起来就不容易散乱了。

比喻的题目抽出本体来写。常常有一些作文题目，不是像“我因拼搏而成功”“温暖的时刻”这样直接点明主题，而是像“风雨彩虹”“春满心田”，在题目中带有一些比喻的意义，需要你把比喻的本体挖掘出来。千万不要就比喻说比喻本身，或者把比喻的本体和喻体完全搅和在一起来写。

比如，“根深叶茂”这样的题目，从命题者的意图而言，就不是要让学生直接描写一株大树树根扎得如何深入，枝叶长得如何繁茂。而是要让考生写出“只有打好基础，才能更上层楼，才能在未来取得更大的成就”等寓意来。因此，考生在写作时，需要明确“根”是什么，“叶”是什么，具体到某事的“根深”与“叶茂”的关系是怎样体现的。

半命题的题目要填顺了，往容易展开来写。有一些是半命题的题目，要根据需要将题目补充完整。补充题目时注意不是只能补充一个词或者一个短语，甚至补充一个句子也没有关系，首先要确保补充完整的题目读起来顺畅，不能是病句。但这只是完成了第一步，还应该注意所补充的内容要容易展开来写。

比如，“我从________读出了________”这样一个题目，有的同学就填成了“我从拼搏中读出了成功”，这个句子看起来就很别扭，如果调整为“我从成功中读出了拼搏的意义”，就比较顺畅。有的同学填成了“我从爸爸的安慰中读出了他对我的爱”，这个句子没有语病，但“安慰”在具体写作中不易展开，这位同学灵机一动，将题目改为“我从爸爸的安慰和帮助中读出了他对我的爱”。加了“帮助”一词，一下子就给自己展开写作提供了极大的便利。

以上两大类六小类作文审题的方法，只是我为了求简便明确而拆开来说的。实际考试中，可能考生所面临的是一个非常综合的题目。不但有难易问题需要考虑，也有类型的问题需要考虑；不但具体类型中涉及“大词”，还可能有比喻的问题，甚至可能是半命题的题目，所以要综合使用以上所说的审题技巧。

以上所谈的选题与审题的问题，不仅对中考作文有指导意义，对高考作文也会有一定的借鉴作用。

对于中考即将来临的学生，时间有限，更具操作性的办法是把历年的真题、各区的模拟题整合在一起，利用本文中所说的选题与审题办法，简单分类，想一想自己如果面对某一类作文题时该如何做，把最典型的作文类型写上两三篇，然后由此举一反三。

除了心态、选题和审题之外，还有很重要的一点：一定不要为了考试背一篇作文，甚至就用这一篇作文包打天下。有一些学生确实是这么干的，说从开始写作文时老师就是这么教的。甚至有的学生小学三年级写了一篇作文，一直用到初三。这样荒唐的做法，怎么能提高作文水平呢？写作可不只是为了应对考试作文，将来处处都用得上的。所以，功利心要不得，还是要“功夫在诗外”，日常多读多写才行。

后记

虽然公众号中的几百篇原创文章摆在那儿，但是编辑出版依然不易。不但要重新选择编排篇目，哪个要，哪个不要，哪个放在前面，哪个放在后面，还要考虑其他种种限定条件，其中艰辛，堪比“十月怀胎”。

如今，“一朝分娩”的时刻终于来临，我是什么心情呢？我的脑海中一直萦绕着这样一首古诗：“洞房昨夜停红烛，待晓堂前拜舅姑。妆罢低声问夫婿，画眉深浅入时无？”我会得到读者的鼓励与肯定吗？会产生“一曲菱歌敌万金”的效果吗？不知道，反正丑媳妇总得见公婆，更何况之前在公众号上已经见过一次，这次只不过是变化了一个形式，变化了一个场景，再见一次而已，所以还是放下焦虑，鼓足勇气吧。

书籍能出版，不是我一人之能，还需要感谢很多人。

感谢我的家人。感谢我的爱人，她能够在这个更关注物质的时代“不戚戚于贫贱，不汲汲于富贵”，让我可以淡定从容地生活与写作。也要感谢我的儿子于点同学，虽然他有时候会有一些调皮捣蛋，但也正是他不断地追问一个又一个为什么，让我在教师和家长的双重身份上，对教育有了更深入、更细微的体察与思考。

感谢我的初中班主任谢艳玲老师，她也是我的语文老师。虽然我毕业已经几十年了，但每年寒暑假只要回老家，我都会去看望她。是谢老师让我感受到了老师对学生真挚无私的爱会产生怎样巨大的影响。现在我也是一名老师，我愿意把这爱的火炬传递下去。

感谢为本书作序的顾德希老师。我没有和顾老师见过面，顾老师也不认识我这个后生小子，但当我通过我们教研组的老前辈陈天敏老师请他帮忙写序时，他看了书稿之后，慨然应允。顾老师是教育领域尤其是语文学界德高望重的前辈，今年已经八十多岁了，他能这样奖掖后学，令我感激莫名。

感谢为本书作序的周融荣同学，她是我近二十年前所教的学生。请学生为我的书作序，作为老师，我特别开心。师生相遇本就是特别的缘分，更何况又能看到青出于蓝，作为老师，实在是一种特别的幸福。

今后，我仍要坚持写作，把一线教师的思与行不断分享给大家。如果能够对教育进步起到一点小小的促进作用，那将是我莫大的荣幸。

于晓冰

附录

2020—2021 学年课堂教学及家长交流日志（节选）

2020 年 9 月 1 日　星期二

诸位家长，经过一个极为漫长的假期，新学期终于开始了。从今天开始，我也恢复之前的习惯，每天上课之后做一些记录，给诸位家长一些反馈，目的是加强沟通，促进了解，大家心往一处想，劲往一处使，共同帮助孩子取得更大的进步。如果诸位家长有什么问题，随时可以发私信和我交流。当然，在班级微信群中提出来也完全可以，请各位一定知无不言，言无不尽。

今天做了开学第一课，一以贯之地强调读书的问题。我写了公众号文章，有兴趣的家长可以听听录音，或者浏览一下文章。为什么要强调读书？因为语文考试的改革，无论是中考还是高考，都非常清楚地表明一个问题，那就是不读书是绝对不行的。所以，一定要未雨绸缪，要把读书落到实处才行。

2020 年 9 月 7 日　星期一

关于答疑的事情做一点儿解释。针对有个别同学说答疑找不到老师的情况，暂定每周一、三的中午12点40分到1点10分，在办公室答疑。平时我每节语文课之前和之后，也会早来晚走一会儿。另外，学生有疑问还可以随时在微信上提出来，我随时可以解答。所以，不应该存在某些同学反映的答疑找不到老师的情况。今日针对这个问题，分享给学生两个成语："众口铄金，积毁销骨。"不要为了掩饰自己的懒惰，而让老师"躺枪"。

再说一说作业的问题。所有作业分散计入平时成绩中去。平时成绩满分40分，作业按照量的大小、质的高低，有的计1分，比如作文、随笔、连词成段、错别字诊断书等；有的计0.5分，比如课后词语抄写、抄写需要背诵的古诗文、"学探诊基础作业"完成等。以学生根据自身情况主动上交为主，以老师提醒督促为辅，尽力培养学生的独立自主学习意识。期末按照作业统计本统计成绩。平时家长如果关注，也可以单独询问老师，我可以拍照发给您，看孩子交作业的情况。

本学期将加强课堂上对学生的提问，主要是为了适应疫情防控形势下戴口罩讲课的问题。老师全程都讲，经常供氧不足，大脑"短路"，所以会把一些时间分给学生。但不管是"满堂灌"也好，合作探究也好，只是一个形式选择问题，关键要看课堂效果，除此之外，更要看长期的学习效果。

今日的任务是在报纸上找一则消息，按照教材所提供的旁批样式做一些点评，目的是加强对消息这种新闻样式的理解，为后面自己写消息做准备。

另外，分享几份优秀的错别字诊断书给各位家长，不必因此批评孩子，只要在比较中做到心里有数就好，剩下的问题交给老师在学校处理就好了。

2020年9月29日　星期二

昨日，课前我早去了一会儿，听到一位同学开玩笑攻击另外一位同学，使用了“rén zhì”一词。课上我就让他到黑板前面来，把这个词写上，同时，把所有的“rén zhì”的同音词都写上，但他唯独没写对他在话语攻击时所用的这个词。后来我请另外一位同学来写，写对了。今天早读我又叫这位同学来写这个词，写对了。但同时请另外一位同学来写，却没有写对。我相信接下来绝大多数同学都能牢牢地记住这个词。

发音为“rén zhì”的词语有人质、人治、仁智、仁治等，还有一个生活中不太常用的人彘。时时处处皆是语文，我让同学们把这些同音的词语，做一个错别字诊断书，区分一下在不同的语境中如何使用这些同音词语。实际上，在语境中区分同音词语，也是重要的语文能力之一，在中考中也曾经考查过。比如，品味与品位。

前几天诗词大会海选，咱们班自荐的陈涵宇同学在测试中排在全年级的第二名。虽然有一点儿遗憾，但依然是一个很不错的成绩。今天在发给他奖状的时候，我借机给学生讲了讲“状元榜眼探花”的问题，并由此扩展开来，把院试、乡试、会试、殿试都说了一说，也说了关于秀才、解元、会元、状元的问题，并由此引出“连中三元”，最后又布置了一个任务，让学生研究一下为什么都称为“元”，也就是要追溯一下“元”的最初内涵。这也是一个时时处处皆是语文的例子，将来学《范进中举》时作为背景知识要涉及，日常的古文阅读也会经常涉及，作为常识必须掌握。

《初中生》杂志一次性选中了陈玥希同学的两篇文章，并且，还有意愿继续发表她的其他作文，并有机会做专题介绍。其实，咱们班至少有六七位同学，有出专题的潜质；还有二三十位同学，经过一定强度的练习，完全可以达到发表单篇文章的水平。目前，已经有六七位同学在报纸杂志上发表了单篇文章。我希望以此为“抓手”，激励更多的同学动起笔来。切实提高写作水平是目的，发表文章只是副产品而已。

诗歌讲得很慢，每节课扩展讲一点儿，从功利角度来看，似乎短期意义不大，但是长期来看，却极有必要。比如，在讲《野望》的“东皋薄暮望”和《黄鹤楼》的“日暮乡关何处是”时，我就扩展了“日暮”这一意象，引用了更多的古诗，让学生做更多的了解，为更好的发展打下坚实的基础。

2020年10月26日　星期一

今日上课，我问的第一件事是上周五古诗文积累测试的问题，我问有多少同学和家长又共同做了这件事。全班有10位同学的家长参与了这个测试，我建议更多的同学家长也参与一下。我能理解家长的心理，可能觉得怕做得不好，在孩子面前会不大好意思。其实，示强，让孩子听家长的，是一种教育方式；示弱，让孩子看到自己的优势，也是一种很好的教育方式。

结合这个古诗文测试，我给学生讲了“书到用时方恨少，事非经过不知难”。这是一个学与行的问题，与此相类的是“纸上得来终觉浅，绝知此事要躬行”。这也是一个学与行的问题，不能不学，也不能只学不行，必须将学与行结合才可以。

我把《作文通讯》样刊发给发表了习作的同学，并鼓励其他同学也积极参与进来，每个人都有写得更好的可能。而且，我可以提供很多发表习作的平台给他们。所谓“近水楼台先得月，向阳花木易为春”，希望更多同学能够借助这“近水楼台，向阳花木”的优势，让自己变得更好。

我讲《藤野先生》，谈铺垫的作用，并把平时写作和考试写作区别开来。平时写作因为不受字数限制，自然可以根据需要铺平垫稳；但考试写作，因为字数限制，则最好开门见山，开头就点题。写作需要根据不同的情境来选择方式方法，但是有一点是相通的，那就是都要动真情，都要“我手写我口，我手写我心”。

2020年11月16日　星期一

今天给学生讲了卞之琳的现代诗《断章》：“你站在桥上看风景，看风景的人在楼上看你。明月装饰了你的窗子，你装饰了别人的梦。”为什么要讲这首诗呢？这要从上周三发生的事情说起。其实，在这位同学主动要求到讲台上来观察同学的眼睛的时候，她本身也成为别人的观察对象。她把别人写进她的作文，别人也可以把她写进作文。可能很多人听了老师的话，都有兴趣到讲台前来观察一下同学们听课时候的眼神，都想试试，但只有她勇于将想法付诸实践，这是多么难能可贵的事情啊。

没有什么不可以进入写作素材库。多多读书，多多观察，有了输入，才有输出。在输入这一点上，很多同学存在硬伤，所以，写出来的东西要么干瘪无味，要么没有深入认识。这种输入是平时点点滴滴积累起来的，不是临阵磨枪就可以做得到的。写作能力是极为重要的能力，不仅仅是为了考试，也为将来的人生。

下面这两段话转自我上周发的朋友圈，以此来强调读书之重要。

饭可以一日不吃，但书不可以一日不读。倡导学生读书，首先要让学生有书读，好书触手可得，才可以随时随地读书。赶上“双 11”，我又给学生买了一批书。之所以说“又”，是因为去年“双 11”给学生买的那几十本书，因为疫情加上中高考占用教室，在原来的教室不知所终了，大约被人拿去卖废品了吧，明珠暗投，心痛不已。希望今年这批书能伴随学生到毕业。

语文老师能教给学生什么呢？无非是激发读书的兴趣，培养读书的习惯，学会读书的方式方法而已。至于分数，那只不过是一个副产品吧。不过有一点儿遗憾的是，这个常识并不是所有人都明白，很多人总是认定“两点之间线段最短”，读书也抱着一种急功近利的心态，考什么读什么，不考就不读。其实，读书要“这里走走，那里看看”，七拐八拐，多绕绕弯才好。

我给学生简单介绍了一下这些书各自的特点，还有该怎么读的问题，其实更为关键的是他们真的能开始读了。阅读是实践活动，仅仅听别人说说远远不够，必须亲自实践才行。

2020年12月16日　星期三

今天讲月考试卷。月考平均分是80分。除了关注一下平均分，做一点比较之外，更应该关注每个学生自己的学习状况。因为自己的分数才是实实在在的，和自己密切相关，而平均分和自己并无多大关系。对于本次试题，我以为只要上课专心听讲，即使没有做任何复习，得到85分左右是比较正常的状态。

有部分学生的成绩起伏比较大，落得比较厉害，可能是上一次考好了，就飘飘然了。实际上，因为日常的积累远远不够，所以，远没有飘飘然的资本。还是要从根子上抓起，要多读书、多积累。

如果家长要了解孩子上课听讲的状况如何，态度如何，只要关注背诵默写的部分就好。这部分内容在课上就已经读过几十遍不止，只要稍稍用心，完全不需要课下再做更多的复习就可以掌握。

基础部分应该注意的有两点，一个是一旦字词范围完全拓展开怎么办。比如，“砾石”和“间隙”的读音，一个单音，一个多音。我告诉他们应对方法，要求学生在日常做好积累，不能到中考时再临时抱佛脚，想集中力量“打歼灭战”是不可能的。另外一个是古诗文的问题，不能以为通过做更多练习记住答案就行了，而要回归本源，真正大量去读、大量去背，然后自然可以兵来将挡，水来土掩，完全不需要临时有针对性的复习，就可以在考试中做得很好。

2021年1月22日　星期五

这是本学期的最后一次语文课，因为疫情，改为线上授课。今天讲评期末试卷。期末语文考试咱们班的“三率”情况是：及格率倒数第一，平均分第十三，优秀率第四。整体情况在我的意料之中。从家长的角度来说，还是要关注孩子自己的成绩，要明白班级整体成绩并不代表每一个个体的成绩。

总结这一个学期的情况，培养孩子自主自觉的学习习惯是一以贯之的思路和做法，也见到了相当的成效，越来越多的学生意识到语文学习要自主大量阅读，背诵积累，多思多写。他们抓住了课堂，更主动地学习，而不是依赖老师的强制要求被动地学习。当然，也有一小部分学生还没有转变过来，不过我们还有一年半的时间，足够让每一个同学慢慢调整提高。

期末考试的基础运用部分以苏轼展览为语境，这个应了我之前的判断。之前，我花时间带他们去参观学校艺术馆的苏轼展，希望他们能够对苏轼有更丰富的认识。当然，不是说参观了苏轼展览这个题就会做了，要会做这些题，还是要日积月累才行。相关的内容我都在课堂上讲过，有的甚至不止讲了一遍，只要课上认真听讲、注意落实，就完全不应该有问题。

我们班和其他班差距比较大的地方在背诵默写部分。在考前一周多的课上，我曾经给他们划过重点语句，考试中涉及的语句，基本都在我所圈画的重点之中。当然，我也告诫学生，这只是为了某些人临时抱佛脚而提供的一点儿帮助，要想学得更好，还要扎扎实实地把整首诗都背下来。不过，考试结果证明，有些同学即使老师已经给了那么明确的范围，却依然连佛脚都不想抱。不抱就不抱，分数是自己的，不是别人的，我坚决不惯着这种毛病，绝对不会“背着抱着”，甚至于求着。

诗词课外积累的部分，考查写“鸟”的一些诗句，去年我就让学生做过相应的专题。并不是说我对此有多少预见性，而是说该做的积累要做，不能为了考试而做，那样反而永远“跟不上趟儿”。

阅读部分的基本方式方法也都讲了，如果成绩还不甚理想，那也不必着急立刻刷题，要意识到问题的本质还是阅读的数量和深度不够，要从根本上着手，而不是头痛医头，脚痛医脚，去干那些治标不治本、费力不讨好的事情。至于那些方法，我在后面还会反复强调，早晚都可以学会。

作文的部分，有些同学写得不错，但也有一些写得比较差。前者是自己平时经常主动写作文，找老师批改之后不断修改调整的；而后者则比较懒惰，一直不主动写作，甚至一个学期也不扎扎实实写一篇文章。应对考试作文有一些方式和方法，我会慢慢教给学生，但从根本上说还是要学生自己主动多写才能掌握。

放假期间，我依然强调两点，一个是阅读，一个是写作，两条腿走路，哪个都不能少。我也会随时在读书群中给他们做一些提示，给一些指导，也欢迎学生有问题随时和老师沟通交流。

2021年3月30日 星期二

今日上午《光明日报》记者就课外辅导班的问题采访我，让我谈谈相关看法。采访结束后，上午第五节课，就着这个问题，我在班上做了一个小调查，问一问同学上课外辅导班的情况。说实话，原本我预期就很不乐观，实际调查结果更不乐观：绝大多数学生都有辅导班，甚至有相当一部分学生一周有四五次辅导班。当然，也有一些例外的情况，有四五个同学完全没有任何课外辅导班。他们也学得挺好，在我的课堂上，我能感受到他们注意力高度集中，听讲效果非常好。这个问题值得思考，我会在班上和同学们谈谈对这个问题的认识，之前谈过，接下来还要谈，而且会接着写文章来谈。我认为不能本末倒置，更不能舍本逐末，不能花了钱和时间，结果非但效果不彰，甚至可能有危害。

我在课上讲了两则《论语》中的内容，算是对《诗经》内容的扩展，一则是：子贡曰："贫而无谄，富而无骄，何如？"子曰："可也。未若贫而乐，富而好礼者也。"子贡曰："《诗》云'如切如磋，如琢如磨'，其斯之谓与？"子曰："赐也，始可与言《诗》已矣，告诸往而知来者。"另外一则是：子夏问曰："'巧笑倩兮，美目盼兮，素以为绚兮'。何谓也？"子曰："绘事后素。"曰："礼后乎？"子曰："起予者商也，始可与言《诗》已矣。"之所以讲这两则内容，是要从孔子和弟子如何读《诗》中受到一些启发。读诗不能停留在诗歌本身，而要举一反三才行，要能够和现实以及阅读经验联系起来才行，唯有如此，才能真正走进诗歌，同时又能从诗歌中跳脱出来，才能真正爱上诗歌。

2021年4月7日　星期三

本来今天没有语文课，学生依然在月考，但是我批阅作文有所感、有所思，想和诸位家长做一点儿交流。

本次作文题目一：你有没有和《花脸》一文中的小主人公类似的闯祸经历呢？这样的经历带给你怎样的感受？是否也帮助你成

长了呢？请自拟题目，讲述一下自己的故事。

本来这应该是一个挺有意思的题目，学生回忆一下童年“闯祸”的经历，写出真情实感来，写出今天对此的认识就好。但实际阅卷中，情况却并非如此。有相当一部分孩子只是写自己怎么因为沉溺于游戏而学习成绩下降，被父母训斥或者打骂，或者写因为玩手机和父母发生冲突，摔坏了手机、平板之类的东西。他们的童年在哪里呢？真的太乖了，乖到完全没有任何“闯祸”的经历，或者认定考试成绩一落千丈就是“闯祸”了，这实在是太悲哀了。

本次作文题目二：请以“春日午后”为开头，发挥想象，写一个故事。题目自拟。

这个题目只要以“春日午后”为开头，写一个想象中发生在这一时刻的故事就可以了，其他没有任何限制，应该说近乎自由写作的状态了。然而，很多学生如何写呢？一上来写春日午后，写了几句话之后就生搬硬套，转到明显是从前在哪个培训班上写的作文上去了，连“想象”和“回忆”都“傻傻分不清楚”。套路！全是套路！结果自己把自己套进去了！或者就是写什么春日午后忽然做了一个梦，梦到考试，梦到成绩下滑，惊出一身冷汗之类。把梦境和想象画上等号，而且，梦境也与考试密不可分。就这样，从书本上来，到书本上去，从试卷上来，到试卷上去，完全脱离真实的生活，说一些完全不是真实思考的训练模式下形成的话语，实在令人悲哀。

没有真实而丰富的生活，没有和真实生活紧密联结的思考；没有高质量的课外阅读，没有阅读之后与自己的生活以及已有阅读储备碰撞出来的思想火花。这样怎么可能写出动人的好文章呢？

当然，以上只是我在电脑阅卷系统随机批阅全年级作文时所见，具体是哪一位同学的试卷我完全不知道。我只是描述这个现象，提出这个问题供大家思考。

发一个咱们班某同学的朋友圈的截图，我觉得要有这样的非常活泼真实的生活才好，千万别成年累月都让孩子扎在课本之中，扎在练习之中。除了“书到用时方恨少”，还有一句话，“事非经过不知难”。“书”和“事”都是财富，但“书”不只是教科书，“事”也不只是考试。我们有必要对学习做更广泛意义上的理解，千万不要把学习定义得太狭隘。

2021年4月23日　星期五

今天上午的两节语文课，因为去参观国家博物馆被冲掉了。虽然没有语文课，但实际上并不影响学生学语文，因为时时处处皆是学语文的机会。

在参观博物馆的过程中，我能够观察到学生在潜移默化中受到了语文课的影响。比如，在导览员讲解张骞出使西域时，说到张骞出使西域的后果，有学生立刻就凑过来对我说："老师，我觉得'后果'这个词用得不恰当，应该用'结果'或者'影响'。"她关注到了词语的情感色彩问题。再比如，有好几位同学在抄写一个瓷罐的说明时，看到"蓝地白花"这个说法，产生了一个疑问：为什么不是用"底"而是用"地"，两个字的差异在哪里？

听到学生的这些思考和提问，我很欣慰，因为他们在耳濡目染之中，已经很好地树立起一个意识，那就是语文学习不仅仅在语文课堂上，语文学习无处不在。遗憾的是，今天的参观时间太紧了，有点儿走马观花的意味，建议家长有时间的话，经常带着孩子去博物馆看一看，与课堂、课本相比，博物馆提供了更为鲜活的学习场景。

2021年6月7日　星期一

今日高考，虽然学生们还有四年才高考，但我还是抓住这个话题讲一讲，所谓"世事洞明皆学问，人情练达即文章"。有很多东西到了相当的高度之后，是相通的。不能头痛医头，脚痛医脚，各处都疼的时候才想起来没有好好治未病之病。要拓宽学习的定义，要让学生能够时时刻刻对外界的点滴变化保持一颗敏感的心，要随时随地动脑思考，而不是单纯拘泥于课本，拘泥于课堂。这样，在将来考试中遇到大量与生活实际相联系的问题时，才能从容应对。

我一方面提倡多学生多读、多写、多思，另外一方面，我也在不断地多读、多写、多思，我希望不只是告诉学生怎么做，而是要做给他们看。古代关于“学”的一个重要解释，就是“效”，也就是模仿。榜样的力量是无穷的，我希望通过实际行动告诉学生，不是我要求他们如何学好语文，而是让他们看到如何做才能学好语文，然后跟着一起来这样做就好了。这是一个漫长的过程，我不着急立竿见影，我相信浸润之功。

接下来我会在课堂上安排一些时间，说一说高考作文的事情，目的很简单，就是要告诉他们，如果专心听讲，认真实践，虽然只是初二的学生，对那些高考作文所涉及的问题，老师都曾经带着他们做过认真的思考，如果日常能注意积累，写一篇符合要求甚至是达到优秀水准的高考作文一点儿都不难，与之相应，中考作文就更是小菜一碟了。

2021年7月12日　星期一

因为暴雨橙色预警，原本今天要在校完成的本学期最后一次课，改成了线上的课。当然，从教学效果来说，线上可能不如线下，因为线下能够有更多的互动，老师能够关注到更多的学生。但是，换一个思路来看，其实无论是线上还是线下，都是学习的一种形式而已，关键在于学习者自己以怎样的状态来面对，如果自己不想学，无论是线上还是线下都不会有很好的效果。今天借着这个课堂形式变换的由头，我再次和学生强调了自主学习的重要性。

我讲了期末试卷中的阅读部分和作文部分。这些内容，有一些相对固定的题型，有一些比较有效的解题思路，甚至可以说也有一些“套路”可言。但是，我在初一、初二阶段尽可能少给学生讲这些“套路”，就是避免让他们掉到“套路”这个坑里面来，以为掌握了“套路”就学会了解题，那实在是痴心妄想。最重要的还是要提升阅读能力，提升理解能力，阅读和理解的能力上来了，那些思路或“套路”才有用，否则不过是花架子而已。

初二到初三的暑假，可能很多同学还有他们的家长已经摩拳擦掌，准备大干一番，准备实现弯道超车了。我要提示的是，暑期最重要的任务不是拼命学习，而是要有充分的休息和调整，要保证在开学之后，能够以最昂扬的斗志、最充沛的精力，进入初三的学习。要不然暑假拼命努力，一开学看似领先一大截，但是因为长期积累下来的疲劳，课堂上无法保证专注听讲，还是昏昏沉沉的状态，听不到老师讲课的要点，那就是捡了芝麻丢了西瓜，严重地得不偿失。等到初三过几个月再看，会发现从暑假获得的领先优势越来越小，因为这时大家都开始努力了。到下学期，当大家都开始冲刺时，如果因为之前太过拼命，已经完全没有气力了，那就会越来越落后。所以，不能只看眼前，还要看长远，要有一个更为科学合理的规划。

今天还讲了暑假作业的问题。我的一个基本建议一以贯之：但凡能动脑的，尽量少动手。不要以为暑假作业是做给老师看的，写得密密麻麻，让老师认定你完成得很认真，这不重要。重要的是你自己要真正弄清楚哪里有问题。针对那些有问题的部分，开学之后要主动问老师，而那些没有问题的练习，可以直接忽略不做就好了。从这个意义上来说，暑假作业不是“一刀切”，而是个性化的学习。

要切记一点，那就是在暑假期间，不要忙着刷题。过度刷题不解决任何问题，而且大量的试题本身就是“烂题”，不值得一做。“宁吃仙桃一口，不食烂杏一筐。”到初三，我会带着学生做相当数量的精选出来的试题，足以起到举一反三的效果。目前，不要急于一下子把应对中考的那些基本能力和基本方法都掌握住，我们还有一年的时间，经过初三的若干高质量练习之后，但凡认真听讲，绝大多数同学在应试方面都不会有任何问题。